獨立路上

從前蘇聯省思香港未來

梁啟智——著

前言

既以「獨立」為題，這旅程固然和香港鬧得熱烘烘的本土思潮以至港獨議題相關。在各種帽子扣在我頭上之前，讓我先講清楚我的立場，把「房間中的大象」說明白。

近年來，香港獨立成為香港政治的新議題。回想一九九七年的主權移交，大多數香港人都沉醉於「香港明天會更好」的良好願望當中。二十年來中港關係跌跌撞撞，直到數年前開始急轉直下。曾蔭權時代的「雙非」政策，鼓勵數以萬計和香港無關的中國家庭來港生育，聲稱要對抗人口老化，實際上卻製造了一大批和香港社會缺乏連結、卻每天和本地人競爭社會資源的移民群體。與此同時，中國旅客數目的爆炸式增長，也對旅遊景點以外的社區生活造成翻天覆地的變化。政治方面，梁振英時代採取非友即敵的管治方針，製造廣泛矛盾，一國兩制的制度缺陷日益明顯。中港制度之爭在二〇一四年的政改爭議中徹底爆發，並以長達七十九日的佔領運動告終。對於很多香港人來說，佔領運動正正代表了他們對於通過制度內改革來挽救香港已完全絕望。

香港獨立就是在這樣的環境中冒起的訴求。從感性出發，很多香港人希

雙非

按香港的《基本法》規定，只要嬰兒在香港出生，而父或母是中國公民，那麼就算他們都不是香港永久居民，該嬰兒也可以自動獲得香港永久居民資格。

望和霸道的中國劃清界線。而對他們來說，和來自中國的新移民以及旅客的交往，就是「敵我矛盾」的最前線。於是乎，坊間出現很多不友善的說法，例如把普通話稱為「胡語」，把簡體字稱為「殘體字」，把中國人稱為「蝗蟲」等的說法。這些說法固然是流動的，持這些說法的人會聲稱他們只是針對野蠻行為，但一竹竿打一船人的情緒反應事實上十分普遍。我們一方面可以批評這些片面的說法無補於事，卻也得承認冰封三尺非一日之寒。正正因為制度內的溝通之路已經走盡，制度外的感情宣泄才有機會成為主流。

無論原因為何，既然香港獨立的聲音已被提出，也不容許我們隨便蔑視。我做學問出身，別說什麼香港獨立，就算是湖南獨立、花蓮獨立，甚至是灣仔獨立，學問素來無禁區。政治由人所組成，從來就沒有什麼不可，我拒絕條件反射地對獨立議論作道德批判。從歷史來看，中共承認和支持蒙古獨立，也有眾多客觀例子說明中共政權對「自古以來的領土」的理解從來相當流動，足證這條問題絕對可以討論。

從現實出發，港獨在可見的將來都沒有條件。但同樣從現實出發，今天的香港有越來越多的年輕人認同港獨，自是有其時代背景，如果背後的成因

佔中

中國政府原答應香港最早可於二〇一七年普選行政長官，唯於二〇一四年八月三十一日提出一系列的限制，使得任何普選方案即使獲得通過，也不會是真普選。大專學界於九月初發動罷課抗爭，並於九月二十八日演變成大型堵路集會抗爭。

得不到處理，再譴責也是浪費心思。個別提倡香港獨立的領袖或因被權貴攻擊或因自身的不成熟而失勢，但思潮所突顯的躁動卻不會因而自動消失。很不幸，當社會為了香港獨立相關的議題爭吵時，我只看到上一輩的只管批評下一輩的不切實際，而下一輩的則反擊是上一輩斷送未來。在這些口水戰當中，「獨立」二字成為一個雙方任意挪用的符號，兩邊都借來顯示自己的立場堅定，你不表明就要接受批鬥，你一旦表明卻又會引來一堆帽子立即扣上來。

但我不甘心於這種抽空的討論。如果說追求獨立不是解決社會問題的萬靈丹，那麼它在什麼時候才有用，在什麼條件下會有害，這是不是該細緻的討論一下？如果說搞獨立就是數典忘祖，這個祖宗本身又是如何被建構出來的？如果說獨立是自決的唯一道路，這條路又是否只得一個美好的終點，還是途上佈滿數之不盡的陷阱？無論你是支持、反對，還是隔岸觀火，這些關乎到生存、生活和身分的問題，我很希望可以討論得實在一點。

厭倦了隔空對罵的口號，唯有往外看。於是，我想到前蘇聯。

前蘇聯在一九九一年中開始瓦解，至今二十六週年。十五個成員國相繼脫離獨立，往日的超級大國變成一紙空文，最終到年底退出歷史舞台。現實歷史當中，邊緣地帶能夠成功從一個核武強權兼聯合國安理會常任理事國之下獨立的案例，恐怕僅此一回。我不相信同樣的事情會再發生，但前蘇聯留下來的種種問題，在我準備是次行程的過程中，越想越感到有意思。

前蘇聯各國獨立後，都經歷過社會動盪、政治亂局、經濟倒退、貪污橫行，以致自殺率急升等問題。這些國家有的成功走上穩定發展和民主自由的道路，有的倒退回到高壓獨裁，有的因為內部矛盾不停撕裂，有的甚至碰上「二次獨立」，在宣佈命運自決之後又要面對新國家境內的少數族裔同樣命運自決的要求。在這些相異的案例中，一時也說不清誰是打壓者，誰是被打壓者。

但有一點是很明顯的：所謂的獨立只是一個漫長過程的其中一個點。當中的社會、文化、語言、歷史以至結合起來產生的身分認同問題，無論是獨立前還是獨立後，都沒有簡單直接一勞永逸的解決辦法。例如在前蘇聯各國留下來的俄羅斯移民，他們要回去還是留下來？要留下來的話，他們要如何和當地剛剛重新「當家作主」的本地人建立關係？他們應享有多少權利？可以如何保障？這些問題的各種答案，我想並不限於前蘇聯，在歐亞大陸的另一端也同樣重要。

自問不是前蘇聯研究的專家，為了這次的旅程才開始認真翻看前蘇聯各國的學術著作，有幾個國家的名字甚至本來連唸也不懂得唸，實不敢做什麼嚴謹的比較研究，更枉論要為香港給予清晰的啟示。真正的國際政治介紹，有其他的學者會寫。只是在過去一段日子，我被中港議題各種非黑即白的敵對爭論迫得透不過氣。我沒有答案，所以我想問問題。

如果你相信香港獨立，準備要革命執政的話，我希望能提醒你釐清理念，不要重複前蘇聯各國建國初期走過的歪路。如果你相信民主自決，要在生活中的每個戰場和專制寸土必爭，我希望可以探索中共在前蘇聯倒台的過程中學到了些什麼，以求知己知彼。就算你是一國兩制的忠實支持者，相信中港一家不可分割，我也希望分享一下人民為何會對政權離心離德，獨立運動是何以形成，或能引以為戒。

在看似前無去路的過度疲累下，很多香港人特別是年輕一代無疑已失去耐性。可以預期，年輕一代將會主動突破禁忌，把這個討論帶得更遠。他們沒有上一代人的包袱，理應可以擺脫往日被標籤和黨爭主導的討論。我期望他們可以拒絕泛泛而談和自我感覺良好的口舌之爭，用在地的認識去思索香港前路。這本書所介紹的窗外風景，願能幫助他們重新出發。

前蘇聯 大事紀

一九一七年　俄國爆發二月革命，俄羅斯帝國滅亡，沙皇尼古拉斯二世退位予由自由主義者和社會主義者建立的俄國臨時政府。十月，**列寧**和**托洛茨基**領導下的布爾什維克發動武裝起義推翻臨時政府，俄國爆發內戰。

一九一八年　第一次世界大戰結束，位處德俄交界的愛沙尼亞、拉脫維亞及立陶宛乘機宣布獨立。俄羅斯蘇維埃於一九二〇年簽署和約承認三國。

一九二二年　在列寧領導下，俄羅斯、烏克蘭、白俄羅斯與外高加索聯邦，共同組成**「蘇維埃社會主義共和國聯盟」**（簡稱蘇聯），正式成立。

一九二四年　列寧逝世，**史太林**打倒托洛斯基，取得蘇聯政權，發起加速工業化的「大轉向」經濟改革，並於任期間展開清算異己的「大清洗」運動。

香港 大事紀

一八四二年　第一次鴉片戰爭，英軍獲勝，中英簽訂**《南京條約》**，清廷將香港島正式永久割讓與英國。

一八六〇年　第二次鴉片戰爭（即英法聯軍），英軍再次獲勝，中英簽訂《北京條約》，清廷將九龍半島南部永久割讓給英國。

一八九八年　英國與清廷簽訂《展拓香港界址專條》，租借九龍半島北部、新界和鄰近兩百多個島嶼，租期九十九年。此系列割讓和租借之土地，即今日香港全境。

一九四一年　第二次世界大戰，日軍打敗英軍，攻占香港。

一九四五年　第二次世界大戰結束，日本戰敗投降，英國恢復行使香港主權。

一九六七年　受中共前一年發起的文化大革命影響，香港左派親中人士發起「反英抗暴」示威活動，後演變為武裝襲擊，多人死亡，史稱「六七暴動」。

一九三九年　第二次世界大戰期間，蘇聯與納粹德國結盟簽訂《德蘇互不侵犯條約》。按條約的秘密條款，蘇聯於一九四〇年吞併愛沙尼亞、拉脫維亞、立陶宛及摩爾多瓦，並將部分原屬波蘭的領土併入蘇聯轄下的白俄羅斯及烏克蘭。

一九四一年　納粹德國對蘇聯發動突襲，兩國正式交戰。

一九四五年　蘇聯紅軍及盟軍攻占德國，二戰後蘇聯重奪於一九四〇年吞併之領土。

一九五三年　史太林逝世，**赫魯曉夫**取得政權，推動「解凍」政策，任內緩解警察恐怖，釋放數以萬計政治犯，並進行經濟改革，批判史太林主義。

一九五九年　赫魯曉夫在首都莫斯科舉行「美國商品展覽會」，並與時任美國副總統的尼克遜進行「廚房辯論」。

一九六四年　蘇聯政變，赫魯曉夫被迫下台，**布里茲涅夫**成為最高領導人，任內恢復史太林的正面形象。蘇聯在布里茲涅夫任內發展遲緩，史稱「停滯時代」。

一九八四年　中英雙方在鄧小平與戴卓爾夫人領導下，於北京簽訂**《中英聯合聲明》**，英國政府於一九九七年七月一日需將永久割讓予英國的九龍與香港島，以及租約到期的新界一併交給中國，香港成為中國的一個特別行政區。中國則需依鄧小平提出的「一國兩制、港人治港」政策，確保香港五十年內原有生活方式不變，並享有高度自治權。

一九八九年　北京民主運動以武力鎮壓告終，於香港引發信心危機和民主訴求。

一九九〇年　中國第七屆全國人民代表大會第三次會議正式頒布**《香港基本法》**。

一九九七年　七月一日，英國查里斯王儲（代表女皇）、英國首相貝理雅和中國國家主席江澤民、國務院總理李鵬，於香港共同見證**主權移交**，英國結束對香港長達一百五十六年的管治。**董建華**正式就任香港特別行政區首屆行政長官。

二〇〇三年　因國家安全法的立法爭議、非典型肺炎疫情的處理失當，以及至一九九七年以來的經濟衰退，逾五十萬人於**七月一日上街遊行**。

一九八二年　布里茲涅夫逝世，安德羅波夫、契爾年科為繼任者，後皆病逝。

一九八五年　**戈爾巴喬夫**上台，實行經濟重建及開放性政策，並主張權力下放。其後提出「民主化」、「公開性」和「輿論多元化」的倡議。

一九八六年　切爾諾貝爾核子事故，附近數十萬居民被迫撤離，對蘇聯的經濟和政治帶來沉重打擊。

一九八九年　東歐劇變，多國共產政權倒台，柏林圍牆倒下，蘇聯未有干預。

一九九〇年　蘇聯各加盟共和國紛紛爆發獨立運動。

一九九一年　八月十九日，保守派發動政變推翻戈爾巴喬夫，失敗告終。各加盟共和國乘機宣布獨立，蘇聯開始走向解體。十二月二十五日，蘇聯總統戈爾巴喬夫宣布辭職，並將國家權力移交給俄羅斯總統**葉利欽**。二十六日，最高蘇維埃自我解散，蘇聯正式宣告**解體**。

二〇〇五年　行政長官董建華聲稱因健康問題辭職，**曾蔭權**獲中央人民政府任命出任行政長官。

二〇一一年　受政治爭議和民生問題的激發，中港矛盾加劇，香港民間開始興起本土思潮。

二〇一二年　**梁振英**當選第四屆香港特首。

二〇一四年　中國國務院新聞辦發表**《一國兩制白皮書》**，香港市民擔心「一國兩制」名存實亡。八月三十一日，人民代表大會頒布決定限制香港的選舉改革，市民擔心《基本法》的普選承諾名存實亡。九月底，學界發動大專罷課，至九月二十八日演變為**佔領運動**，歷時七十九天。未能合乎普選期望的政改方案隨後亦被否決。

二〇一六年　香港政府禁止多名與本土思潮相關的候選人參選立法會，個別當選者亦因宣誓爭議而被取消議員資格。

二〇一七年　三月，**林鄭月娥**當選第五屆香港特首。

目次
Contents

前言　003
前蘇聯・香港大事紀　009

Chapter 1　俄羅斯・聖彼得堡
上錯賊車　016
海國圖志　023
歷史的尷尬　030
大國詛咒　041

Chapter 2　愛沙尼亞
過羅湖橋　050
被壓迫者　055
小國著史　064
歌唱革命　072
歷史遺留　086

Chapter 3　拉脫維亞
消失國界　092
轉型正義　097
我是誰　105
守路障　113

Chapter 4　立陶宛
擋坦克　122
游擊隊與自焚者　131
猶太屠殺　138
彼岸的自由　145

Chapter 5 白俄羅斯

不寒而慄 156
最後獨裁 163
平行時空 175

Chapter 6 烏克蘭

貪污博物館 184
廣場革命 191
衛國戰爭 199
核子廢墟 207

Chapter 7 摩爾多瓦及聶斯特河沿岸

窮風流 218
二次獨立 226
永續革命 233

Chapter 8 俄羅斯・莫斯科 240

後記 252
港台譯名對照表 266

Chapter 1

俄羅斯．聖彼得堡

Russia. Saint Petersburg

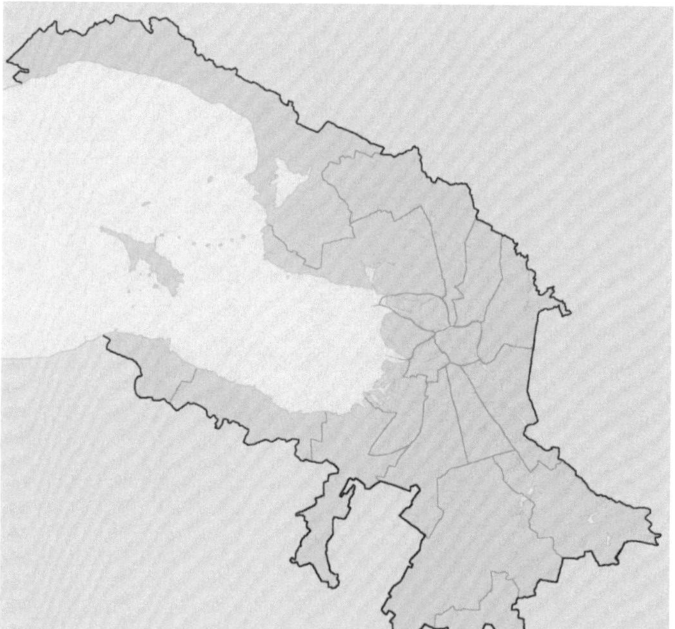

Российская Федерация

俄羅斯聯邦

首　　都：莫斯科

成 立 日：1991.12.25

國土面積：17,098,242平方公里（不含克里米亞，國際普遍承認克里米亞屬烏克蘭領土，但目前為俄羅斯實際管轄）

總 人 口：144,192,450人（不含克里米亞）

貨　　幣：俄羅斯盧布（₽）（RUB）

官方語言：俄語

Са́нкт-Петербу́рг

聖彼得堡

面　　積：1,439平方公里

總 人 口：5,131,967人

與莫斯科同為俄羅斯聯邦直轄市，是俄羅斯僅次於莫斯科的第二大城市，也是列寧格勒州的首府。

始建於1703年，1991年蘇聯解體後才恢復此名。

位於俄羅斯西北部，是波羅的海芬蘭灣的重要港口。

上錯賊車

我的第一站是俄羅斯。對，我要走訪的對象是從前蘇聯獨立出來的國家，但別忘了俄羅斯其實也算一個。我們甚至可以大膽一點的去問，如果「俄羅斯」和「蘇聯」不是兩個可以分開的概念和政體，前蘇聯的終結和解體可能要困難得多。回到一九九一年直接觸發前蘇聯解體的八月政變，保守派軟禁了戈爾巴喬夫[1]的同時，卻沒有抓住在戈爾巴喬夫政治改革下新當選「俄羅斯總統」的葉利欽[2]，最終不單政變在葉利欽帶領的反抗下失敗，更導致前蘇聯的終結和解體。

要先去俄羅斯的原因，是因為既然我要認識那些尋求獨立的邊緣地區，則必先了解以擴張和穩定為綱的帝國。畢竟如果我是愛沙尼亞獨立分子，就算我情感上多麼希望和蘇聯一刀兩斷，我理智上也得明白現實上兩地無從徹底分開。明白你的對手，最起碼是劃清界線的第一步。知己知彼百戰百勝，弱者從來也沒有忽視強者的本錢。

1 〔俄〕戈爾巴喬夫，Mikhail Gorbachev（一九三一－），台灣譯作戈巴契夫，蘇聯最後一任最高領導人。

* 本書內文所有譯名，均依作者原本香港譯法為主，書末另附港台譯名對照表。

2 〔俄〕葉利欽，Boris Yeltsin（一九三一－二〇〇七），台灣譯作葉爾欽，俄羅斯首任聯邦總統。

如自清朝以來的中國與香港，自沙俄以來的俄羅斯和周邊地區也有一種帝國和邊緣的關係。帝國的擴張與其對邊緣的控制密不可分，而帝國的衰弱也往往為邊緣帶來新契機。這些和「大國崛起」相關的圖騰，從沙皇、蘇俄，到今天的普京[3]，無知的我直覺懷疑俄羅斯人是否也面對某種「偉大民族復興」的夢魘。

俄羅斯之為帝國，在我未到達之時已感受得到。從上海飛到聖彼得堡，不計在浦東機場無休止的延誤，也要九個多小時。當中大部分的時間都在橫跨遼闊的西伯利亞。在這無盡的荒野和森林當中，有少數民族征伐的事蹟，有政治犯被流放邊疆的血淚。我在機上其實沒有太多的心情想這些，想得較多的是同機乘客不太相同的出遊習慣，讓這趟長途機比平常的還要難受一點。

3 〔俄〕普京，Vladimir Putin（一九五二－），台灣譯作普廷、普丁或蒲亭，現為俄羅斯總統（第四任），曾任俄羅斯第二任總統、第七任及第十一任總理，是俄羅斯自二〇〇〇年以來實際的最高領導人。

抵達後對俄羅斯的第一印象，坦白說實在不敢恭維。聖彼得堡機場的入境大廳一片混亂，前面有數以百計的韓國大媽尚未能入境，後面又有數以百計的中國遊客正湧過來，而在場的職員好像完全沒有意識要管一下，我夾在中間好不容易才找到一條像是在排隊而且會動的人龍跟隨。再看前面的入境櫃檯，大概是我到過所有口岸當中最封閉式的入境櫃檯了。與其說是櫃檯，不如說是「入境廂」，因為它們一整排列在入境大廳，扣在一起，是個大約八呎高的鋁框包廂，排隊的旅客完全看不到廂子後面的情況，也看不到入境官員的樣子，就只有每個包廂前面一盞紅綠兩色的燈告訴你是時候進去看證件。不知道這種設計是誰想出來的，相對於倫敦希斯路機場的入境櫃檯，每名入境官員就站在一張兩呎寬矮矮的橙色桌子，比平時街上寬頻營業員那些自己搭出來的信息櫃位還要窄，感覺就是兩種氣度。我在這件事上是很先入為主的，入境的過程有多混亂和不及人，就看得出這個國家的政府是否以人為本。後來我也確定，此行多次的進出關經驗當中，以在俄羅斯的最糟糕。

從禁區走出來後的感覺沒有大幅改善。本來我從機場網站看到，可以坐小巴到附近的一個地鐵站轉乘地鐵入城，加起來只要六十五盧布（一盧布兌

芬蘭車站，列寧於1917年經此回到俄羅斯，策動革命。

〇・一四港元，或〇・五二新台幣）。我想到聖彼得堡的夏天有「白夜」之稱，天不會黑的，那我想也可以按這方法入城省點錢。誰知浦東航班延誤，再加上剛才在入境大廳的混亂，從禁區出來已經是晚上十點半了。外面天色未至於全黑，但也十分昏暗，我才發現「白夜」不等於白天，那該是北極才能發生的事。看看小巴路線圖，轉地鐵的地方又不是小巴線的總站，我怕不懂得下車，便只好搭的士[4]了。

我從旅遊書上知道機場有「黑的」，但在機場外面又看不到正規的士站。情急之下有個年輕的小伙子問要不要坐的士，我沒辦法只好跟過去，一上車就發現果然中伏了。這不是正規的士，那個所謂的「咪錶」[5]像是玩具一樣，無論車是否在動，它都在動。旅遊書說從機場到市中心只要九百盧布，我看它只是剛離開機場便已過了數百，到市中心恐怕超過三千。那時我想，要不要叫他改送我到地鐵站呢？但我畢竟在他車上，他發狂起來把我送到郊外搶劫還是可以的。我唯有靜靜的等他開到旅館門口，果然要三千盧

4 的士，中港用語，指taxi，台灣稱計程車；下文的「黑的」，即黑車，非正規登記營業的計程車。

5 咪錶，粵語，指計程車上的電子計費表。

布，這時候我才開始和他理論。他死口說要按標收費，我拿出旅行書和他說不可能這樣貴，他還要一臉無辜的看著我。我罵他不該欺騙外國人，他終於降價說兩千盧布也好。我只想下車，也就只好妥協。

想不到剛剛到達，就有這樣叫人氣憤的經歷。上一次誤上「黑的」，已是很多年前在越南胡志明市。來到聖彼得堡，這也是個同樣落後的地方嗎？我看見雖然已近半夜十二時，但是街上的人還很多，彷彿中環蘭桂坊，便決定出去走走，不想帶著不快的心情入睡。

我住的旅館就在涅瓦大街（Nevsky Prospect）旁邊，是聖彼得堡最興旺的一條幹道。在這兒走走，就算是半夜也該不危險吧。一步出酒店，就看到一個Zara時裝店的大招牌，告誡我這絕對不是共產時代的蘇聯。時裝店對面有一群小伙子在打鼓和彈電子吉他，玩的就是樂與怒，不少年輕人圍觀作樂。我在附近走了一圈，另外有兩三隊搖滾樂隊，還分別有超過十人在玩古典音樂，有管樂的也有弦樂的。這生氣蓬勃的市民生活再次提醒我這兒真的不是一個極權社會。當然，不至於極權，也不一定就自由。

市中心的街頭音樂表演。

請讓我先介紹一下彼得大帝。聖彼得堡由俄羅斯帝國的首位君主彼得大帝所建立，時為一七〇三年。在彼得大帝就位的時候，俄羅斯已經是一個相當成熟的勢力了。但彼得大帝志向更高，要把俄羅斯變成一個歐洲大國。於是，他想到海洋。俄羅斯沙皇國原是一個內陸政權，而當時所有的歐洲大國都必然是一個海洋大國。葡萄牙本來只是一個小國，就是靠大航海時代建立起世界各地的根據地。及後的西班牙、英國和荷蘭等國，都是靠遠洋貿易起家。俄羅斯要再進一步，一定要靠海。

從莫斯科出發，要找出海口，一是向南到黑海去，一是向西到波羅的海。當時黑海一帶由奧斯曼帝國控制，彼得大帝就親自拜訪歐洲各國的君主，希望能聯合起兵。他的計劃沒有成功，但在他遊歷歐洲各國期間，卻注意到其軍事技術以至社會制度文化各方面。例如他在阿姆斯特丹的時候，就到當時全球最大的造船廠待了四個月。回國後，他決志要改革俄羅斯，一切向西方學習，政府行政和稅制要現代化，曆法改為儒略曆（即今公曆的前身）。中國人要到辛亥革命後才剪掉辮子，俄國人卻提早兩百年在彼得大帝的命令下剃掉鬍子。他還要求所有貴族和官員的子女學習基礎數學和幾何，訓練邏輯思考。

南面的戰場未開打，彼得大帝先向西面出手，進攻當時為瑞典領地的波羅的海一帶，聖彼得堡就是戰時建立的城市。他索性把俄羅斯的首都從莫斯科遷到聖彼得堡，因為他要俄羅斯面向海洋，面向世界。

我要介紹彼得大帝的功業，除了因為他是聖彼得堡奠定者之外，還有兩個原因。第一，此行往後的多個國家，特別是波羅的海三國，和俄羅斯的附庸關係就是由他的征戰開始的。第二，他讓我想到帝國的興衰。彼得大帝在位的日子，大約等於清朝康熙年間。彼得大帝和康熙帝有不少相似之處，例如他們即位的時候都只是幼童，要幾經波折才登大位。俄羅斯帝國和清帝國的疆土，都可說分別是由二人的征戰所確立的。但他們的差異也大。雖然康熙帝對西方傳教士的東西也感興趣，但他從沒機會真的踏出國門到外遊歷。彼得大帝要動員戰爭才取得海權，清帝國本來已有近兩萬公里的大陸海岸線，朝廷卻沒有想過要把帝都遷到大連或者青島去當一回海洋大國，更別說當年順治年間塗炭生靈破壞沿海地區（包括香港在內）的遷海令了。

彼得大帝

彼得一世・阿列克謝耶維奇・羅曼諾夫（Peter the Great / Peter I，一六七二－一七二五），俄羅斯帝國羅曼諾夫王朝的沙皇（在位期間：一六八二－一七二五年）及俄國皇帝（在位期間：一七二一－一七二五年），世稱彼得大帝。他力行改革，建立正規的海陸軍，實行富國強兵政策；並設立元老院、參議會，改革貨幣制度，定都聖彼得堡，促使俄羅斯現代化，多次發動對外戰爭，取得波羅的海出海口及裏海沿岸，使俄羅斯成為歐洲強國。

再說下去，就要說到光緒帝了。在他推動戊戌變法之前，收到康有為編的兩本書，一本是《日本明治變政考》，另一本就是《俄羅斯大彼得變政記》。光緒帝知道彼得大帝，也知道聖彼得堡。只是光緒帝比彼得大帝已經晚了差不多兩百年，而戊戌變法也以失敗告終。

來到今天，俄羅斯開放中國團隊遊客免簽證，大批中國遊客前來聖彼得堡旅遊。喀山主教座堂門前有俄國少男少女導遊用字正腔圓的普通話介紹法俄戰爭的歷史，街上的琥珀專門店都擠滿了選購首飾的中國客。在全球一體化的年代，我們該如何理解彼得大帝的海國夢呢？

為此，我特地去了彼得大帝建城時所住的小木屋參觀。這間小木屋很簡陋，沒有龍床暖枕，卻正正看得出彼得大帝對建設聖彼得堡的投入程度。他不要等到皇宮建成了才搬進來，而要在這兒還是沼澤一片的時候就要前來監工。據說，聖彼得堡就是按阿姆斯特丹的樣子建造的，所以四處有運河貫通。他又命令全國石匠遷往聖彼得堡，讓這兒的樓房的氣魄可以比上西歐國家的大城市。事實上，在聖彼得堡的街道上走，那些寬廣的大道和兩旁數之不盡的宏偉建築，確實很有國際都會的風範。

聖彼得堡建在涅瓦河（Neva River）河上，小木屋就在河邊，我參觀過後也順道出去看看風景。奇怪的是在河邊的登岸處，卻放了兩頭巨大的中式石獅子。我立即跑過去細看，石獅下刻上「大清光緒三十二年」的漢字，也就是一九〇六年。此時的聖彼得堡已是個大都會了，清朝也早錯過了最後的改革機會。在附近的彼得保羅要塞（Peter and Paul Fortress）當中，我還找到溥儀的叔父載濤在一九一〇年到訪的照片，樣子相當神氣。他當時應該是正出外考察八國陸軍，不過都已成歷史的註腳了。

說到彼得保羅要塞，這應該是聖彼得堡城內其中一個最重要的景點。內裡的彼得保羅大教堂，正是從彼得大帝以來歷代俄國君主所葬之處，繼續推動俄國現代化的凱薩琳二世和亞歷山大二世同樣是長埋於此。而遭到布爾什維克秘密警察槍決的末代皇帝尼古拉二世，其遺體於蘇聯倒台後被尋回確認之後，同樣安放在教堂當中。在遊人如織的教堂裡，我走到亞歷山大二世墓的一旁休息，這時卻見一隻三色貓獨佔了整張長椅，悠然自得的舔毛。好了，不和你爭座位了，整座教堂都歸你了，好嗎？

彼得保羅要塞。

離開教堂，我走到要塞中最感興趣的地方：特魯別茨科伊棱堡牢房（Trubetskoy Bastion）。這兒是俄羅斯帝國最後歲月中關押政治犯的地方，許多左翼革命黨人都曾在這兒受過罪。這是此行我到訪的眾多監獄當中的第一個，也是修復得最好和囚犯最有名的一個，監倉門前都有介紹囚犯的歷史故事。展版還介紹了囚犯之間用密碼互傳信息的方法，跟王丹介紹他在秦城監獄用的差不多，都是敲響聲音對應字母。這兒的著名囚犯有托洛斯基[1]，他大概沒想到日後革命成功了，卻最終要流亡海外，還要死在自己同志的手上。另一位著名囚犯是後來成為南斯拉夫總統的鐵托[2]，他後來和托洛斯基一樣也是跟史太林[3]鬧翻了，但史太林對他的暗殺沒有成功，鐵托還活到八十七歲。這是後話了。

1 〔俄〕托洛斯基，Leon Trotsky（一八七九－一九四〇），布爾什維克領導人，創建蘇聯紅軍，為俄國一九一七年十月革命的指揮者，為第四國際精神領袖。列寧死後，流亡海外，被史太林派人刺殺而死於墨西哥。其政治理論稱作「托洛斯基主義」，支持者則被視為「托派」。

2 〔南斯拉夫〕鐵托，Josip Broz Tito（一八九二－一九八〇），曾任南斯拉夫社會主義聯邦共和國長達三十五年的總統、總理，並為南斯拉夫共產主義者聯盟總書記、主席團主席。

3 〔俄〕史太林，Joseph Stalin（一八七八－一九七三），台灣譯作史達林，蘇聯首任最高領導人。

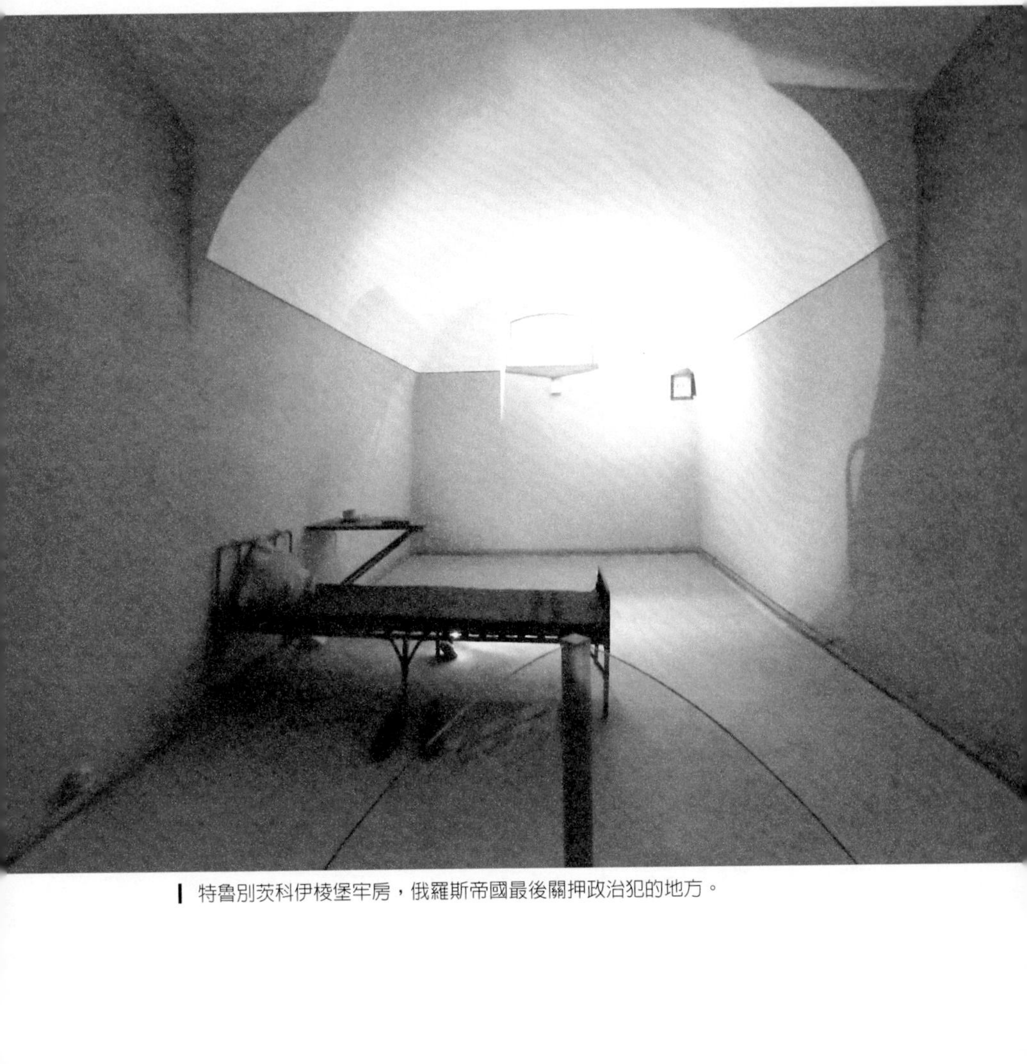

特魯別茨科伊棱堡牢房，俄羅斯帝國最後關押政治犯的地方。

歷史的尷尬

從牢房走出來，我自覺對蘇聯政治認識得太少了。要了解前蘇聯各國的獨立歷程，總得先惡補一下蘇聯本身的政治史吧。還好聖彼得堡正好就是當年列寧領導布爾什維克搞十月革命的地方，從一九二四到一九九一年間這兒的名字就叫做列寧格勒（Leningrad），要認識蘇聯時期的地點多的是。

第一個目的地，是布爾什維克的其中一位領袖謝爾蓋基洛夫（Sergey Kirov）[1]的故居。他曾任列寧格勒州委書記，官階夠高了吧。他的故居不難找，從彼得保羅要塞出來向北走四百米左右就到了。房子明顯比四周的樓宅要豪華，大約六層高，當時應該算是一座豪宅。推門進去後再乘一架老舊得我擔心會把我困住的升降機，上到頂樓就是了。他的房子也一如所料地十分寬敞，書房地板上放了一張北極熊皮做的地毯，北極熊的熊頭還很威武。我不責怪基洛夫，他那個年代應該沒有什麼保護北極熊的概念。房間還放滿了許多各地工人送來的禮物，例如什麼礦場開採的礦石，什麼工廠製的收音

1　〔俄〕謝爾蓋基洛夫，Sergei Mironovich Kirov（一八八六—一九三四），蘇聯布爾什維克早期重要領導人，一九二六年至一九三四年間擔任列寧格勒州委書記，任內在辦公室內遭到尼科拉耶夫暗殺。

NKVD與KGB

NKVD，即「內務人民委員部」，是蘇聯在史太林時代的主要政治警察機構，其下管轄的「國家安全總局」是KGB的前身。一九三〇年代，NKVD是史太林「大清洗」的執行單位，並負責運作古拉格（Gulag，負責管理蘇聯勞改營的機構），是當時「紅色恐怖」的代名詞。

KGB，即「國家安全委員會」，源自NKVD，是蘇聯於一九五四年三月至一九九一年十一月期間的情報機構，被視為當時全球效率最高的情報單位。

機等等。辦公桌後面有三台電話，據介紹其中一台是直撥克里姆林宮的。簡單一句：這就是一所一九三〇年代的豪宅，蘇共高幹的豪宅。人生而平等，但有些人往往活得更平等，這點似乎在蘇聯也適用。

我對基洛夫感興趣的原因，在於他的死亡。一九三四年，基洛夫在他的辦公室被槍殺，原因一直不明。殺手很快遭到處決，但問題是為何殺手可以進入基洛夫的辦公室行凶。他原來之前已經意圖持槍進入，被發現後卻連人帶槍被放走。之後基洛夫的保鏢不知為何都被調走，然後殺手再次進入並成功刺殺。再之後，一個又一個和這案件相關人等離奇失蹤或死亡。後世的學者研究調查，則明顯把矛頭指向史太林，認為基洛夫太受歡迎功高蓋主，被史太林秘密下令幹掉。史太林死後，新的領導人赫魯曉夫[2]就曾經在一次內部會議當中，提到基洛夫的死是NKVD（即KGB的前身）的特工做的。可憐在基洛夫的喪葬中，還是由史太林扶靈的。

2〔俄〕赫魯曉夫，又作赫魯雪夫，Nikita Khrushchev（一八九四－一九七一），繼史太林之後的蘇聯最高領導人，對史太林展開全面批評，並平反「大清洗」中的受害者。任內策劃一九六二年的古巴飛彈危機，撤銷對中國共產黨的援助計畫，後因政變淡出政壇。

基洛夫之死牽起了史太林年代極為恐怖的「大清洗」，各級政府官員和黨政領導因反革命而被批，估計有數十萬至過百萬人被殺。「大清洗」的同一時間，在中國則是西安事變和「安內攘外、一致抗日」的時期。從這時到中共建國期間，許許多多中國知識分子投向中共陣營，他們知道蘇共當年做過些什麼嗎？他們會否設想得到中共建政之後，同樣的清洗會以「反右運動」的名義在中國出現，而他們自己將成為受害者？在欠缺黨內民主的政治結構當中，政治鬥爭儘管有時會借用法治的外衣，實質卻仍然是赤裸裸你死我亡的暴力行為。在這樣的體制之下，還可以如何追求國泰民安呢？

歷史的諷刺，正正在於赫魯曉夫在一九五六年提出要糾正史太林「大清洗」的錯誤，要為受害者平反，而中共的「反右運動」，卻在一年後的一九五七年才正式開始。當年中共中央反右領導小組組長的名字，叫鄧小平。他在一九二六年曾被派去蘇聯學習，不過不足一年便返回中國，沒有遇上「大清洗」。和他同期因國共合作而留在蘇聯學習的同學，也在不久後被送回中國。真正在蘇聯經歷過「大清洗」的日子，還親身經歷了政治迫害的，是鄧小平在莫斯科中山大學的同學——後來和鄧小平在八十年代分治兩岸的中華民國總統，蔣經國。

說到ＫＧＢ，我也特別去了前ＫＧＢ總部的門口繞了一圈。ＫＧＢ總部是一座龐然大物，「門高狗大」恐怕是最貼切的形容詞。它就像是一個巨型的盒子，四面是冷冰冰的石壁和一式一樣的窗戶，和附近的歐式歷史建築很不相襯。因為它比其他的建築物都要高，當地人有個笑話，說從ＫＧＢ大樓的天台可以看到西伯利亞，暗指大多數人被抓後要流放邊疆的命運。我沒有在門前停留太久，因為這兒至今仍然是俄羅斯情報單位ＦＳＢ的辦公大樓，裡面有什麼事情外人無從得知。我只留意到這兒是我在聖彼得堡唯一遇到有多名警察看守的建築，我偷偷拍了幾張照片便轉身離開。這時候，在正門把守的保安忽然拔足狂奔，嚇得我以為有什麼事情發生。原來……他的帽子被大風吹到街上，他拼命在追，畫面十分滑稽，讓我暫時忘記自己明明身處「恐怖的核心」。

不能進入ＫＧＢ大樓參觀，我只好退而求其次，走去市中心的一個ＫＧＢ歷史展示館看看。這個展示館設在遊客區的一座老舊建築當中，展品十分殘舊，而且介紹文字幾乎全是俄文，我都看不懂。僅可供參考的，就是大門口和專題展廳各一頁的英文簡介。不過這些簡介也很有意思的，就是僅僅用一句話輕輕提及ＫＧＢ確實做過大量侵犯人權的行為，但同時把介紹重點放在如何在冷戰時代和海外情報機構鬥智鬥勇，保護國家安全。專題展廳介紹蘇聯間諜Alexander Feklisov和他的兩個重要「貢獻」：一是在二戰期間協助蘇聯取得美國研發核彈的情報，大大加速了蘇聯的核計劃進程；二是在古巴危機期間及時將重要情報送往蘇聯決策層，協助赫魯曉夫和美國總統甘迺廸化解核戰威脅。在這展覽廳當中，ＫＧＢ變成了維護世界和平的人類救星。

這是我在此行遇上的第一次「歷史書寫的尷尬」：面對時代巨變，過去的理解框架已不再管用，新的理解框架卻又未能確立，歷史到底該如何書寫？這困惑在俄羅斯特別明顯，因為它本來就是蘇聯的核心，蘇聯解體後雖然經歷過近十年的民主化，之後卻又面對普京威權的回潮。在聖彼得堡，我遇上了三種對蘇聯時代記憶的處理。ＫＧＢ展覽廳這種欲言又止算是第一種，第二種則是在俄羅斯民俗博物館看到的，我稱之為「歷史的凝固」。

俄羅斯民俗博物館在蘇聯成立之前便已籌備成立，目的是要向世人展示俄羅斯帝國境內不同民族的文化大觀。這兒的遊人遠遠不及聖彼得堡最著名

俄羅斯民俗博物館，展出的是已從前蘇聯獨立的國家的民族服飾。

的冬宮，外觀雖然建得如大英博物館一樣的雄偉壯觀，但外面卻一個人都沒有，嚇得我還擔心是不是走錯門口了。推門進去，看展覽的人確實不多，但這兒的展品其實很值得細心欣賞。我在這兒逛了很久，因為裡面就前蘇聯境內每一個民族的各種生活習慣都加以介紹，十分詳盡。例如鄰近白令海的愛斯基摩人，他們的冰屋就有實物原本大小的模型。如果你喜歡特色民族服裝的話，這兒更是猶如天堂。他們連烏茲別克不同地區的婚嫁服飾也逐一介紹，全都是過去百多年來俄國學者從各地蒐集回來的。

當然，以今天民族誌的學術批判出發，這些展覽可能過於依據「外來文明世界」的「凝視角度」來紀錄民族特色，沒有給予當地人訴說自己故事的機會。然而這正正就是這個博物館所處的歷史的尷尬：就算他們要更新展覽內容，相關的地點大多已脫離蘇聯獨立了，這些故事還可以如何再說下去呢？就以這博物館的第一個展覽廳為例，說的就是波羅的海的民族文化，那麼波羅的海三國想不想訴說他們的文化呢？當然想，但不是在這個位於聖彼得堡的博物館。他們已各自在自己的國土建立起模仿歷史村落的「民族文化村」，以本國史的角度說自己的文化。而這個位於俄羅斯民俗博物館內的波羅的海展覽廳，要拆掉又不是，留下來又不能更新，只好凝固在時空的一點，漫無目的地懸浮下去。

第三種處理，則是來個顛覆性的全面檢視。聖彼得堡有一座「國立俄羅斯政治史博物館」，我在網上看到這東西的存在便決定一定要來一趟，看看他們怎樣處理俄國政治出現過的各種陰暗面。畢竟，在天安門廣場一側的中國國家博物館當中，文革十年是好像沒有發生過一樣的。出乎我意料之外，這個博物館對俄羅斯政治中各種問題直認不諱，內容十分全面毫無保留，我在裡面留了一整天還未能看完所有的展廳。

值得一提的是常設展以口述為核心，引用大量當事人的說法來介紹事件。常設展的主題是「俄羅斯從十九到二十一世紀的人與權力」，以眾多

滴血救世主教堂。

第一人稱的角度詳細介紹從推翻帝制起算，直到蘇聯解體後的發展。談到一場鎮壓革命黨人的行動，就有革命黨的說法、禁衛軍頭目的說法，和圍觀路人的說法。說到史太林逝世的時候，就直接引述了當時其中一位站崗士兵的回憶：「就在我站崗地點的數步之外，我看見數之不盡的群眾泣不成聲（……）那天成為一個竭力崇拜偶像的震央」。展覽在入口就開宗明義解釋了為何要用這種第一人稱的表達手法：「從那個時代的人的目光出發，可看到不同而且往往是互相衝突的角度，可以幫助你去思考你自己對於俄羅斯歷史的想法」，而把重心放在人而不是事件，則是要突顯「人才是在關鍵時刻透過行動去改變俄羅斯歷史進程的主角」。這是種前衛的策展方式，最起碼我還在等待香港歷史博物館可以這樣處理六七暴動的一天，更別說何時才能見到的中國文革博物館了。而在蘇聯解體後眾說紛紜的歷史現場當中，讓多元視角取代一錘定音，實為最合適不過。

常設展對於上面提及的政治大清洗，還有烏克蘭大饑荒、科學家被批鬥，以及各加盟共和國居民被強迫流放西伯利亞的慘劇等等，都一一細數。如果看完這些還不足夠，博物館還另有多個專題展覽，例如「蘇聯時代：烏托邦與現實」和「蘇聯倒塌：歷史必然還是罪惡陰謀？」等，直接挑戰最敏感最具爭議性的問題。如果覺得太沉重，也可以去看「食在俄國」的專題展，由帝國貴族的盛宴到蘇聯時代的糧票，還有一眾最高領導人餐單介紹。原來普京最喜歡的食品，是大麥粥加乾果。

說到普京，常設展是以一九九九年十二月三十一日葉利欽和普京的電視致辭作結的。我不怪博物館的策展人，說到二〇〇〇年已經很不錯。可知道北京的首都博物館雖然遠至燕王的歷史也有介紹，近代卻只說到毛澤東在天安門城樓上的開國大典便完了。後面在北京發生過的東西，都不好說啊。

六七暴動

一九六七年香港發生的社會抗爭。源於五月六日香港親共左派人士發起的罷工示威，又稱「香港五月風暴」，支持者則稱為「反英抗暴」。示威者反抗港英政府，後來演變至炸彈襲擊等暴力行動，事件造成五十一人死亡，八百多人受傷。至同年十二月結束。六七事件被視為香港發展的分水嶺，此事件亦迫使港英政府改善施政。

一下子看了這麼多震撼性的介紹，還未消化得過來，便在一個展廳外的長椅坐下來休息一會。這時候，一位保安以為我迷路了，走過來問我要不要幫忙。保安是個老伯，我想他七十過外了，頭髮十分稀疏，看起來十分瘦弱，而且牙齒也不見了一大半。但他竟然會說英文，我也忍不住要跟他聊兩句。我說我看見展覽介紹蘇聯解體前有過相對民主的選舉，問他這選舉到底是怎樣的。他很客氣的跟我說，那場選舉，對他來說，那場選舉不單是展版故事，而是他個人經歷過的事情。我正以為他有什麼故事要說之際，他卻話鋒一轉：「我那時是亂投票的，我根本不關心那些選舉……以後的選舉也是，我都是亂投票的……我們俄羅斯啊，不像其他國家，我們不要民主這回事，我們用不著。我們只要有個好的領導，做好的決定，這樣就足夠了。」然後，他就不斷喋喋不休的重複又重複最後的那句話。

世上有沒有一種感覺，是既感到愕然，同時又是意料之內的？和老伯的一段簡短交談，給我這個奇怪的感覺。一方面，我花了一整天在這個充滿顛覆性的國立俄羅斯政治史博物館，看了這麼多具爭議性的題目。我是多麼的高興即使在普京的管治之下，仍然有個這樣的地方敢於挑戰權威，鼓勵思辨。然而卻正正由這個博物館的一位保安員老伯，提醒我在俄羅斯社會當中仍然有許許多多的人活在過去的時代，沒打算轉換新的想法。這是多麼的諷刺，又是多麼的恰當。

我要找個年輕人聊一聊才行。

大國詛咒

列寧格勒圍城戰（Siege of Leningrad）

第二次世界大戰時，希特勒為主的軸心國為了攻占列寧格勒（即現在的聖彼得堡）而展開的軍事行動，自一九四一年九月九日起，至一九四四年一月二十七日才獲蘇聯軍隊解放，圍攻行動長達九百天才全面結束。圍城造成饑荒，死亡人數多達一百五十萬人，是史上主要城市被圍困時間最長的包圍戰。

在聖彼得堡的最後一天，天氣如常地不穩定，一陣冷雨之後又來一陣強風，不太好受。我參加了一個相當有名的城市導覽團，希望從本地人的角度認識聖彼得堡。帶團的Y是個二十多歲的少女，曾經在外國的大學交流，或者因為英文說得不錯，也就居間帶導覽團賺點外快。她知道我對蘇聯時代的歷史有興趣，也就特別帶了我去看一些蘇聯時代遺留下來的見證，例如地鐵站入口一些歌頌工人革命的浮雕和壁畫。我們還看了一個相當有趣的二次大戰紀念碑：兩隻貓的雕塑。前蘇聯有大量二次大戰的紀念碑，而列寧格勒圍城戰本身又是一個傳奇故事，所以相關的紀念碑又特別多。不過Y帶我去看的卻是兩隻用銅造的貓，而且放在街角的二樓，她不指出來我完全不會留意得到。原來當年納粹德軍圍城，城市水盡糧絕，卻全靠貓咪把老鼠抓住，保存了最後的糧草，是圍城戰的另類英雄。我喜愛貓，更愛貓英雄。

我和Y提到我去了國立政治史博物館。我還未說到保安員老伯的故事，她就立即搶著和我說另一位老伯：她自己的祖父。她說她曾經把博物館中提到史太林的暴政告訴她的祖父，卻立即換來了一記耳光。「啪的一聲！」她說：「一巴掌就這樣打下來，然後我被他嚴厲斥責了好久。他說史太林是人民的大救星，帶領大家打敗納粹法西斯……」在她眼中，這是場世代之爭。年長的一輩從小到大都在蘇聯的洗腦式教育當中長大，他們的歷史都是片面的歷史。得明白，對於很多人來說，對歷史事件的理解往往是他們自我認同構成的重要基礎。當你去挑戰他們的理解，他們會不開情由的反抗，而這和事件本身的關係不大。借用中國一個流行的說法，這是個「毀三觀」[1]的問題。

畢竟共產時代的影響是滲入到日常生活的每一個層面的，每個經歷過這個年代的人在某種程度上都是體制的一部分，無論個人是否願意。如何理解這些經歷，就是每一個後共產國家都要面對的問題。在民間，把不合理的片段轉化成笑話，以嬉皮笑臉的方式磨平傷痛，往往是最常見的方法。Y就分享了一個其實我也聽過好幾遍的笑話：一個蘇聯人去美國旅行，入境官員問「職業（Occupation）？」對方卻回答「不，只是來參訪而已」（Just visiting）。」這個九唔搭八[2]的對話，笑點固然是 Occupation 一字的歧義，

1　毀三觀，中國大陸網路用語。「三觀」指的是人生觀、價值觀、世界觀，「毀三觀」意即顛覆這些觀念的事情。

2　九唔搭八，香港用語，牛頭不對馬嘴之意。

克里米亞領土爭議

二〇一四年三月十八日，俄羅斯聯邦併吞了原本國際承認屬於烏克蘭領土的克里米亞，並實際接管當地，建立克里米亞聯邦管區，設置克里米亞共和國和塞瓦斯托波。俄羅斯聯邦反對稱此事為「併吞」，主張根據民族自決原則和聯合國憲章，由克里米亞人公投符合國際法；但聯合國大會則拒絕承認此公投及俄羅斯的併吞有效，申明克里米亞仍為烏克蘭所有。

既可解「職業」，也可解「佔領」。

我見Y既然願意和我分享政治話題，我就趁她帶我去逛蘇聯古董店的時候，大膽再進一步，問她對克里米亞的看法。她顯得有點失落。她說她不同意政府的做法，但她承認多數的俄羅斯人是支持政府的。對於他們來說，普京看起來好像是讓俄羅斯重新變得強大了，重拾過去作為超級大國的主導權。

這時候，另一位團友就加入了討論。除了我以外，還有一對美國夫婦和他們的兩名女兒參加了這次導覽團。剛好他們來自明尼蘇達州，也就是我從前讀博士的地方，我們一見如故。父親看起來不到四十歲，是個中學歷史老師，對我和Y的談話很感興趣。畢竟，強調「美國必須是世界第一的超級大國」也是美國政治的重要議題，往往主導美國的外交政策，進而影響到美國的內部政治，而身為歷史老師的他很明白後面通常都是騙局。就好像特朗普[3]說要讓美國重新變得偉大，卻說不清美國最偉大的時代是什麼時間，因為只要一說清楚了，歷史學者就可以很輕易的告訴你當時的美國並不偉大，

3 〔美〕特朗普，Donald John Trump（一九四六—），台灣譯作川普，原為美國的企業家、電視名人，現為美國第四十五任總統。

俄羅斯與格魯吉亞戰爭

二〇〇八年八月八日至十八日，格魯吉亞和俄羅斯因爭奪南奧塞提亞（South Ossetia，原為格魯吉亞的自治州，一九九〇年代與格魯吉亞發生衝突，宣布獨立，當時未獲國際普遍承認）的控制權而爆發戰爭。經過國際調停，兩國於八月十五日、十六日簽訂停火協議，十八日，俄軍撤離格魯吉亞。戰後，格魯吉亞宣布與俄羅斯斷交，俄羅斯則與南奧塞提亞建交。

甚至幹過很多不符立國理想的壞事。

俄羅斯也一樣。在蘇聯解體以後，經歷了十年的經濟和政治不穩，要到普京時代才算有點起色，難怪一般人對普京有好感，對蘇聯解體感到可惜，甚至對蘇聯時代有所懷念。他們所懷念的，當然不是隨時被抓送去西伯利亞勞改的歲月，但人是很奇怪的動物，很懂得選擇性的記著想記著的東西，無視那些不想記得的事情。他們對俄羅斯重新復興的追求儘管出於想像，卻可帶來現實的危機，這點是任何一個從蘇聯獨立出來的國家都不可忽視的。之前有格魯吉亞，現在又有烏克蘭，其中的領土問題都要算到俄羅斯的復興夢身上。以愛國主義來轉移視線，口講民族復興，把對外的矛盾放大，實際功效卻是讓人民暫時忽視國內的問題，而專制者可借力打擊異見勢力……林林總總的做法，世上屢見不鮮。電視上重覆又重覆的說那些「歐美勢力亡我之心不死」，「提防警惕顏色革命」的說法，不是只會以俄文出現。

這是否就是某種大國的詛咒呢？我知道即使小國有時也會有民族復興的包袱，但在這聖彼得堡街頭的「中美俄公民對話」當中，我發現大國的普羅文化當中，彷彿都流傳不少相似的情意結。

列寧引領我們前進。

但俄羅斯不是一直都是這樣的。Y在蘇聯解體前出生，成長於葉利欽時代。在蘇聯解體後的頭十年，她清楚記得俄羅斯曾經很努力的以「做一個正常國家」為目標，不求什麼強國夢。這點，我並不陌生，正如中國也曾經流行過要說「與國際接軌」，只是近年來因為越來越有「自信」，這句本來很不卑不亢的話也慢慢說得越來越少。所謂「正常」，就是承認之前是扭曲的，所以才成為要追求的東西。Y說她很記得如何排了幾個小時的隊，就是為了吃她這輩子的第一個漢堡包，我告訴她中國的八、九十年代也一樣。我們走到位於聖彼得堡中心的宮殿廣場，她說麥當娜[4]曾經在這兒搞個演唱會，讓我嚇了一跳，雖然我也立即想到尊龍曾經在北京紫禁城演溥儀，而兩件事在可見的將來都不會再次發生。近年麥當娜因為支持同志平權而和俄羅斯政府鬧翻，她說她永遠也不會再去俄羅斯表演；《末代皇帝》中對文革的直接負面呈現，相信今天的中國政府也不會再協助拍攝。曾經短暫的自由開放，證明這土地能夠有開放的胸襟。只是錯過了，也不知何時才能回來。

4 〔美〕麥當娜，Madonna Louise Ciccone（一九五八—），台灣譯作瑪丹娜，當代全球知名流行女歌手。

而對社會的管制，最終還是會落到個人的身上。Y喜歡帶導覽團，然而過去數個月來她發現聖彼得堡的治安越來越差。特別是著名景點滴血教堂，已經有好幾次她導覽的遊人遇竊。最近一次有遊人連護照也被偷，她按捺不住，決定直接寫個電郵給普京。「政府網頁有他的電郵地址嘛，我就寫個電郵讓他知道事情有多糟糕」，她一臉無辜的說。不久後，警察來找談話了。她推辭說沒時間，警察堅持她必定要到警察局談一下。這時她才發覺原來她多嘴了。就在我們這個導覽團的下午，她就要去警察局了。「找談話」這動作所包含的意思，對中國民間社會有接觸的人應該都明白。我們叫她別擔心，雖然在她身上，我看到熟悉的背影。

Chapter 2

愛沙尼亞

Estonia

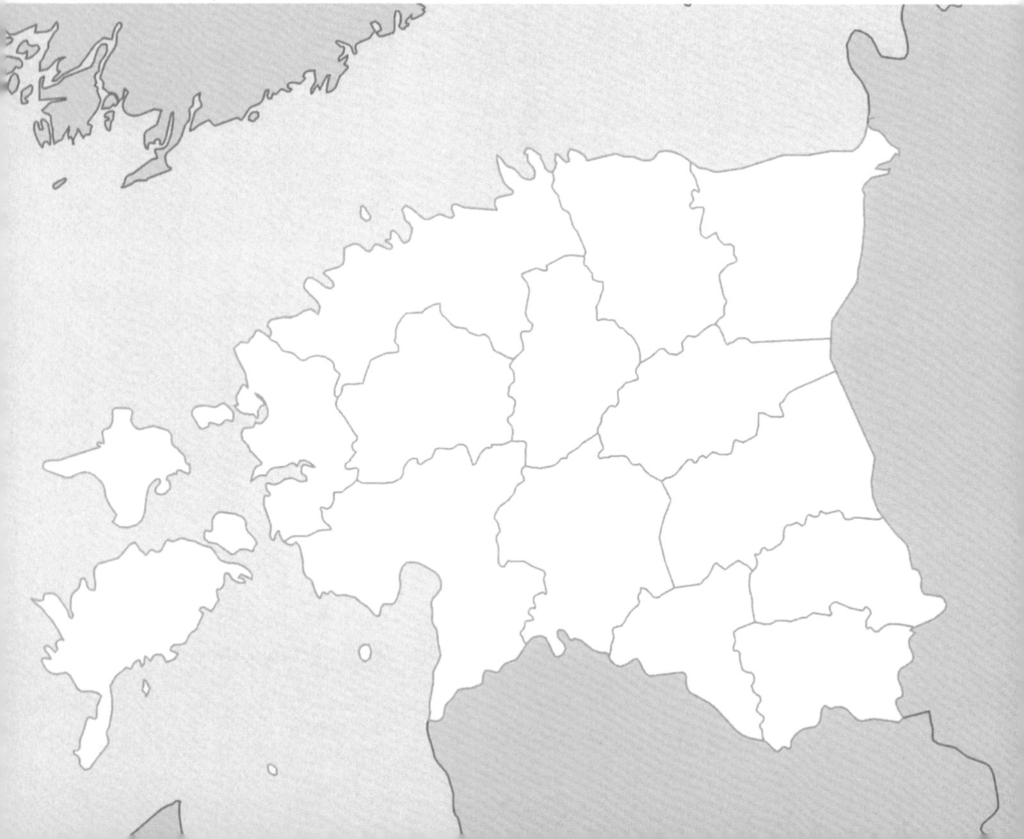

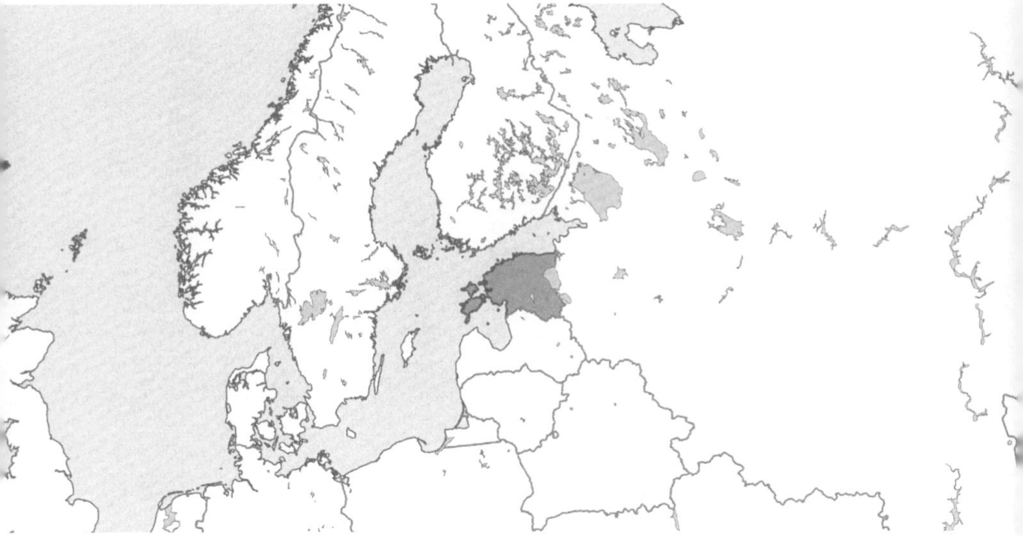

Eesti Vabariik

愛沙尼亞

首　　都：塔林
宣告獨立日（自俄羅斯帝國）：1918.2.24
獨立獲承認：1920.2.2
正式獨立日（自蘇聯）：1991.8.20
加入歐洲聯盟：2004.5.1

國土面積：45,339平方公里
總　人　口：1,315,944人
貨　　幣：歐元（€）（EUR）
官方語言：愛沙尼亞語

過羅湖橋

一大早，我就到達聖彼得堡的波羅的海總站等巴士到塔林，愛沙尼亞的首都。東歐一帶的長途巴士都十分發達，座位十分舒適，而且每個座位有電視屏幕播自選電影，又有電源接口給手提電腦充電，還有無線上網，車費也不貴。

聖彼得堡和塔林之間沒有高速公路，走的都是鄉間小路。我看著窗外的農田和小屋，遙想過去一百年來有什麼軍隊以怎樣的心情走過這條路。愛沙尼亞在第一次和第二次世界大戰期間是個獨立的國家，獨立戰爭期間愛沙尼亞曾經此進軍聖彼得堡。到了一九四〇年，蘇聯和德國按其互不侵犯條約（Molotov-Ribbentrop Pact）當中的密約條款瓜分東歐，蘇聯強行吞併了波羅的海三國，紅軍就是從這兒開過去的。一年後，納粹進攻蘇聯，這條路上又有德軍反方向開往當時的列寧格勒。然後納粹德國兵敗如山倒，紅軍又再一次經這兒開進愛沙尼亞，一待就待到九十年代愛沙尼亞獨立之後才撤走。看慣政權逆轉，士兵們來來回回，我想這兒的居民對國土的觀念應該會很不一樣。

網上買票時說的行程是六小時，我想路況再差也不用走這麼久吧。原來

《申根公約》

一九九五年起正式生效，簽約的歐洲成員國彼此之間取消邊境管制，持有任一成員國有效身份證或申根簽證的人，可在所有成員國境內自由流動。

目前申根國已有二十六個國家：德國、法國、荷蘭、比利時、盧森堡、義大利、西班牙、葡萄牙、希臘、奧地利、丹麥、冰島、瑞典、挪威、芬蘭、愛沙尼亞、拉脫維亞、立陶宛、波蘭、捷克、匈牙利、斯洛伐克、斯洛維尼亞、馬爾他、瑞士、列支敦斯登。

巴士公司預留了一個小時的時間過境。俄羅斯和愛沙尼亞的邊境就在一條河上，司機先在河的東邊把我們放下，讓我們完成俄羅斯的出境手續。檢查站建在一座用木板和金屬搭成的房子裡面，樣子十分殘舊。邊檢官員的櫃檯和在聖彼得堡機場一樣，又是一個封閉的包廂，排隊時看不到官員的模樣。我們弄了差不多半個小時後才重新上車，然後開車過河到愛沙尼亞。

一過河，感覺就不一樣了。那是深圳羅湖和香港羅湖的差距。不用再想了。獨立好嗎？獨立好！獨立當然好！獨立有什麼不好？這差距太明顯，我立即感受到愛沙尼亞和俄羅斯在獨立後肯定是走了兩條不一樣的路。如果愛沙尼亞沒有獨立的話，就沒有這條邊界，兩地也不會有所分別。

愛沙尼亞這邊的入境大廳其實只是個不到一千呎的小空間，我們全車不到六十人一進來就佔滿了。但這個地方感覺就和十分鐘前的俄羅斯不一樣。這兒的裝修光鮮亮麗，半點前蘇聯的味道你也嗅不到。我得說明入境櫃位的防衛程度比俄羅斯的邊檢其實還要高，櫃位還有部指紋機，看護照後要推一度門才能過去，門開關時都有很大的聲響，名副其實的真正是「進國門」——不，該說是進「歐門」才對，這個可是申根公約的邊境，一進去就直到

葡萄牙也沒有邊界了。不過這度歐洲之門沒有給人守衛森嚴的感覺，可能是因為它和入境官員的櫃位都蓋上木質外觀，看起來就像是在逛宜家（IKEA）的樣子，明明就是一道門，卻不致過於排拒。噢，對了，宜家就是北歐牌子啊。說回頭，我當然沒有傻得因為裝修材料的選擇就決定這是個美好國度，特別是「堡壘歐洲」的說法現在越來越流行，不少人都誤以為只要這條邊界守得好的話歐洲就會安全，不過這是另一個話題了。

巴士離開了邊檢站，穿過了愛沙尼亞邊境的一個小鎮。鎮上的建築大多是蘇聯時代遺留下來的住宅建築，有點像在中國

自由廣場。

大陸見到的那些工人新村，都是很功能性大規模建造出來安置居民的。但和在聖彼得堡近郊見到的那些不一樣，這兒的住宅大部分都明顯翻新過，不單外牆刷得又白又新，每個陽台都放了花卉或者其他的裝飾，很有生氣和生活的質感，而不是沒落鄉鎮的樣子。巴士開到靠近塔林，蓬勃發展的感覺就更為明顯，沿路都是新建的住宅大廈，設計摩登時尚，而且絕對不是為了消化產能而建出來的鬼城，都有年輕家庭入住。

翻看數據，愛沙尼亞兩萬九千美元的人均本地生產總值比俄羅斯的兩萬五千美元不算多很多。但看增長率呢？在一九九五到二〇一五年之間，俄羅斯的數字增加了百分之八十六，愛沙尼亞的數字則是百分之一百四十三，就好像是一匹終於爭脫韁絆的駿馬一樣一往直前。而我想更重要的是經濟發展能否反映在一般人的生活當中。愛沙尼亞的全球廉潔排名是第二十三位，俄羅斯是第一百一十九位。這恐怕才是我看到的差距的源頭。

就算是下車的塔林車站，也和六小時前上車的聖彼得堡波羅的海總站太不一樣。可以看得出塔林車站的大樓也是重新修過的，站內用上大量橙和黃等暖顏色，這些都是在俄羅斯沒見過的。想一下，這地方緯度高，在冬天只有六個小時的日照時間，而且會下雪，何必還要選一些陰陰沈沈的顏色呢？回想一九八六年，黃霑寫《這是我家》的時候，用了一句「紅黃藍世界，紫青黑與雪白，叢叢獻彩色天堂」來讚頌香港夜景燈飾。當時的中國離開人人穿著藍色工裝的日子還未遠，色彩就成為一種身分認同。

被壓迫者

進入愛沙尼亞國境後的另一分別，就是路牌上的文字從俄文變成愛沙尼亞文。這分別對我來說是特別明顯的。我在香港長大，學校學的是英文，而英文用拉丁字母。愛沙尼亞文，用的也是拉丁字母，所以不懂愛沙尼亞文的我也可以認字母。而俄文呢，用的則是西里爾字母，我連認也不懂得認。讓我舉兩個遊客最留意的詞語作例子：「警察」和「餐廳」。這兩個詞的英文是“police”和“restaurant”，愛沙尼亞文是“politsei”和“restoran”，在合適場景下猜也可以把意思猜出來。來到俄文呢，就是“полиция”和“ресторан”，這下子我基本上等如是文盲了。我自問語言能力奇差，於是發明一些方法來記住這些字母，例如и就是「反轉的n」，п就當是數學符號π，ж叫做「樹」，至於д我就叫它「怪面」算了。

我選擇這樣強記西里爾字母，是因為我知道我在俄羅斯或其他使用西里爾字母的國家，只不過是一個遊客而已。到我要離開了，我就可以忘記這些字母。但對愛沙尼亞人來說，就不是一件這麼簡單的事情了。從上一章提到彼得大帝的北方戰爭開始，到一九九一年重新獨立，這近三百年內愛沙尼亞有二百多年都是受俄羅斯或蘇聯統治，俄羅斯文化入侵是個持續不斷的問題。帝俄時代推動過俄羅斯化，蘇聯時代也推動過，他們無從逃避。學校教的是俄文，流通印刷刊物用的都是俄文，要做官當幹部一定要懂得俄文，小孩子都在俄文的環境中長大，愛沙尼亞文和愛沙尼亞文化的傳承就只得靠民間的堅持。這些討論，在普教中和正體字爭議刺熱的香港，應該不會感到陌生。

上面說的文化改變還需要一整代人的潛移默化，更快捷的方式是大量輸入外來移民，換作香港的說法就是「人口換血」。這行動在愛沙尼亞和前蘇聯各國進行得十分徹底，一方面把大量的本地人，尤其是政要、地主和知識分子送去蘇聯邊疆流放，在四十年代曾經多次一夜之間送走數以萬計的人。他們根本不知道自己要被送去什麼地方，也沒有時間收拾細軟，忽然就被押上開往邊疆的列車，不少人還未抵達就凍死在路上。與此同時，蘇聯又輸入大量的外來移民到波羅的海各國，當上幹部或技術官僚。畢竟蘇聯對由本地人當官還是有所戒心，「愛沙尼亞人治愛沙尼亞人」只是騙局，也就把「換血」進行到底。在二次大戰前，俄裔人口只佔波羅的海三國人口不到百分之十。然而來到八十年代時，俄裔人口已佔愛沙尼亞和拉脫維亞人口的三分之

普教中和正體字爭議

香港原本語文習慣是「說粵語、寫正體字」，然而自二〇〇八年起，相對於原本以廣東話教中文的「廣教中」模式，香港政府大力推行「普教中」，即協助中小學推行以普通話教授中國語文科。二〇一六年，更要求中小學生學習認讀簡體字。這種教育方向引起社會爭議，反對者認為這是透過語文的改變，剷除香港本土文化意識。

一，在里加更佔一半人口，本地人幾乎變成少數族裔。值得注意的，是《日內瓦公約》規定締約國不得把本國公民遷至佔領地定居，但在蘇聯眼中波羅的海三國是自願加入蘇聯的，從來沒有佔領這回事。

我對在波羅的海的俄國人十分感興趣，因為談獨立運動我們往往會把注意力放在本地人民的解放身上，但對於從宗主國遷來的居民呢？他們算不算是本地人？什麼時候算？什麼時候不算？畢竟在香港人的抗議運動當中，無可避免地也夾雜了對新移民的反感。這些情緒相當流動，有時會說沒有一個新移民是無辜的，都是中共的潛在特務云云。直到本土運動出現了本身是新移民的領袖人物，又變成說價值認同才是重要，而價值認同是可以改變的。理性去想我們知道移民是政策使然，要反對得先改變政策，有所謂的「對準政權」，但在身分認同問題面前，這些聲音往往被忽視。

我在塔林舊城中心找了間民宿居住。把行李放好後，我就出發前往兩個地方：一個廣場和一個墳場。在二〇〇七年四月，塔林爆發了一場騷亂，原因是政府要把一座銅像從市中心附近的一個廣場移到軍人墳場去安放。這個銅像所紀念的，是二次大戰在愛沙尼亞陣亡的蘇聯士兵。來到今天，愛沙尼亞已經獨立，官方歷史當中蘇聯紅軍在二次大戰中的角色不再是愛沙尼亞的解放者，而只是另一方面的侵略者。這個銅像是否要繼續存在，就成為愛沙尼亞「本土派」的一個重要問題，更曾經有抗議者自發塗污銅像。二〇〇七年選舉後中間偏右政府上台，決定要移走銅像。而本來埋葬在銅像附近的紅軍遺體，除非有家屬要求送回俄羅斯，否則便連同銅像送到軍人墳場。在愛沙尼亞的俄裔人認為此舉是踐踏他們的身分認同，他們自覺淪為被壓迫者，引發了兩晚的騷亂，是愛沙尼亞重新立國後首次暴力衝突。俄羅斯傳媒也沒有放過此機會，大肆宣傳甚至扭曲事件，增加了俄羅斯人對愛沙尼亞的憎恨。當年就有民意調查顯示高達六成的俄國人視愛沙尼亞為敵人。

原來的廣場位於Tõnismägi，從舊城走過去不用十分鐘，而且離獨立廣場和佔領博物館就只有一條街的距離，難怪當地的「本土派」會覺得「篤眼篤鼻」。我走到那兒，只見一個種滿了花卉和叢木的公園，完完全全看不出曾經是一個廣場，更不要說有什麼蘇聯的紀念碑了。現場也沒有任何的告示牌訴說相關的歷史，一般遊客經過的話根本不會想到這兒曾發生過什麼事情，就是一個普通得不可能再普通的公園。我坐在公園的一角，想起那些放火翻車打碎櫥窗鬧事的場面。就算今天我們對蘇聯時代有新的理解，這樣完全地把歷史洗刷掉，合適嗎？誰是壓迫者，誰是被壓迫者，會否因時地而改變？或者其實所有人同時都是壓迫者和被壓迫者？

我帶著這些問題步行前往軍人墳場。這地方確實有點難去，和舊城區隔了一座小山，走了差不多半小時才到。軍人墳場位於軍事區，周邊都是軍營，四處的鐵絲網上都掛上“stopp”的標誌，很容易可以猜出應該是愛沙尼亞文的“stop”（止步）。我隔著鐵絲網看進去，停泊的軍車大多數都是工程車和救護車，沒有幾輛是戰車。後來我才知道愛沙尼亞的軍隊不叫軍隊，而是和日本一樣叫「自衛隊」，說明僅是為保護自己而成立，全職軍人只有六千多名。不過愛沙尼亞規定凡男性國民體力和智力正常者，都要接受八至十一個月的軍訓，這恐怕是面對強鄰的小國所無可避免的。

終於來到軍人墳場了，銅像放在一個十分顯眼的位置，前面還放了不少鮮花，證明它對不少人來說仍然十分重要。銅像造型是一個低頭的士兵，坦白說此行見過的所有蘇聯時代的紀念碑當中，這是形象最內斂的一個。可惜

已遷至軍人墳場的蘇聯士兵紀念銅像。

它出現在「錯誤的地方」，還是逃不了被移走的命運。移來這個軍人墳場倒是一個相當特別的選擇，因為這兒埋葬的士兵的來歷可是相當不同。除了紀念紅軍的銅像外，墳場內最顯眼的建築就是愛沙尼亞獨立戰爭紀念碑，所指的就是一九一八年愛沙尼亞第一次宣佈獨立時所引發的戰爭，而主要的對手就是蘇聯的紅軍。墳場本身的設立要算到一八八七年，當時的愛沙尼亞還是帝俄的一部分，士兵也就是保衛俄羅斯帝國的士兵。看墳場外的介紹，埋葬在這兒的還有當年幫助愛沙尼亞獨立的英國海軍，也有曾經在德治時期駐守的德軍。看墳墓上的名字，有用拉丁字母寫的，也有用西里爾字母寫的。當年他們各為其主，今天留在同一個地方長眠。

我後來再翻查了波羅的海各國在獨立後處理俄裔人口的做法。在各國獨立的時候，確實有一大批俄裔人離開返回俄羅斯，害怕改朝換代之後自己會反過來成為被針對和歧視的對象。這個憂慮不無道理，畢竟族群仇恨可以是一件很不理性的事情，以「糾正歷史錯誤」為名的針對打壓是有可能發生的。從具體政策來說，愛沙尼亞和拉脫維亞在建國初期都因為公民資格問題而爭論不休。本來建議的「歸零」做法，即凡獨立一刻的永久居民即國民，受到「本土派」的反對而受阻。在他們的堅持下，後來規定凡一九四〇年蘇聯吞併前的公民和他們的後代，才可自動獲得公民身分。而在此後移居愛沙尼亞和拉脫維亞的人及其子女，則要通過愛沙尼亞或拉脫維亞語文測試，以及憲法和歷史測試，才可以成功入籍。據說最初這些測試訂得十分困難，在兩地製造了大量無國籍居民，招來不少國際人權組織的批評，特別是要求七老八十的俄國移民重學語言被視為不近人情，於是測試的要求後來也有所調整。

即使如此，不少生於俄裔家庭的無國籍居民仍然對入籍考試十分反感。他們一出生就在波羅的海，一輩子也在波羅的海，不少人在獨立公投的時候也投票支持獨立，卻想不到這一票帶來的是剝奪自己往後的投票權利，也不再可以在政府機關上班。他們明明在波羅的海長大，卻要考試來證明自己屬於這個地方，無疑是一種羞辱，好像說俄語和有俄羅斯親戚的人就自然是俄羅斯間諜似的，無形中把他們推得更遠。

這是個十分值得思考的現象，除了因為這些討論和今天香港對新移民的討論十分相似之外，也在於它訴說了一個小國如何理解和建構身分認同。一方面，這些國家剛剛獨立，應有很強的意欲高舉他們的民族認同，甚至藉此機會把前宗主國甚至相關的各種文化遺留打得一文不值。與此同時，它們又很需要加入歐洲聯盟換取經濟援助和政治穩定，然而歐盟正正就是強調普世價值而不鼓勵各成員過於吹噓排他性的內向文化視野。這個歷史的巧合，為它們提供了一個調節的機會，在脫俄路上不至於走上任何一個極端。雖然如此，身分重構的過程仍然是漫長和充滿陷阱的。

小國著史

我在八、九十年代的香港長大，那時候學校還有中國歷史科。或者因為這教育的影響，在我的詞彙當中凡是歷史必然是源遠流長的。而在九十年代中國意識抬頭之際，中國歷史又往往被借用為民族認同的一部分：中國值得我們自豪是因為中國有五千年文化。其實在當時候我已隱隱約約的在潛意識中質疑，如果認同感是要建築在歷史的長度之上，那麼那些無論是文化史或建國史也相對短暫的小國又怎麼辦呢？反過來說，如果他們也能找到自我認同的依靠的話，我們建基於歷史長度的自豪感本質上也不是一件那麼特別的事情？由此類推，每當我聽到有些人說愛國是因為中國的壯麗山河的時候，我總會暗地反問：那些沒有山也沒有水的國家就不值得他們的國民去愛護了嗎？

紅軍銅像和軍人墳場的故事，可以說是一個更宏大問題的表象：獨立過後，歷史的重新書寫必然是一個身分認同的戰場。而作為一個小國，愛沙尼亞如何重新書寫自己的歷史，正是一個我很感興趣的問題。於是，我便開始我的博物館之旅，逐個博物館去看這兒的人如何說史。

塔林是一個中世紀古城，錄在世界文化遺產名冊，在舊城區內閒逛本身就好像是在一個博物館當中一樣。那些鳥瞰塔林古城的明信片照，美得有如夢幻中的童話故事，相對來說迪士尼樂園入口的那個假城堡實在沒有什麼值得好拍照的。說起來，因為塔林距離赫爾辛基只有兩小時左右的船程，很多芬蘭人都會過來一日遊，再加上從郵輪下來的旅行團，舊城內四處見到跟著導覽員聽歷史故事的遊客，進一步加強這兒的歷史氣息。

我的第一個發現，是塔林有兩個海事博物館，而且兩個都做得十分專業。第一個海事博物館是設在舊城城牆的一座塔樓當中，展覽從維京時代說起，介紹愛沙尼亞一帶每一段歷史和海洋之間的關係。遊人在塔樓上拾級而上，首先看到的是維京人留下來的銅錢和鐵器，然後介紹的是中世紀的航海貿易，說到帝俄時期則有在愛沙尼亞出生的俄羅斯航海家環遊世界的事蹟。至於第二個海事博物館則設在城外海邊的一個舊水上飛機庫。這個飛機庫由帝俄時代開始興建，最近才改建成為博物館，裡面放置了愛沙尼亞首次獨立時海軍購置的潛艇，還可以爬進去艙內參觀。博物館又放置了各種軍用和民用船隻，可以逐一登上看個究竟。

我本來以為有兩個海事博物館只是巧合，但到了塔林市博物館我便發現當中的原因。塔林市博物館建在舊城內一間修復了的商家大宅當中。進去看第一個展覽廳，就發現這個選址的道理所在：塔林是以海上貿易起家的。在中世紀的時候，塔林是漢莎同盟（Hanseatic League）的成員，此同盟由過百個城市組成，在十四到十五世紀時最為鼎盛，壟斷波羅的海至北歐一帶的貿易。塔林一直以來也是個港口，愛沙尼亞人要說史，就由海洋開始說起。

愛沙尼亞本身沒有很輝煌的歷史文化好說，公元一千年之前還是鐵器時代，沒有什麼漢唐風範好講。愛沙尼亞的國土也不大，只有四萬多平方公里，四分之一個廣東省左右。最高的山只有三一八米，比太平山頂還要矮，別要說什麼雄觀壯麗的錦繡河山了。但原來，這些都不重要。一個地方的歷史和認同，不一定要來自本身有什麼東西，也可以來自這地方如何與世界連結。而說到連結，他們不要背靠俄羅斯，他們要面向世界。在全球化的今天，這種宏觀視野可能比那些內向和本質化的認同更經得起考驗。我是個地理人，這種以關係為起點的地方觀念理論可不是我首創的，倫敦大學的梅西教授寫過很多這方面的好文章，只是沒想到在塔林市博物館當中找到知音。

從這兒出發，再看愛沙尼亞歷史博物館的展覽，就看出了一條小國著史的脈絡出來。歷史博物館有兩個展館，一個位於舊城內的舊商會會所，另一個則在城外海邊的一座莊園大屋。舊商會會所的展館比較細小，但它的常設展倒是很精準的道出了一套立足於愛沙尼亞的歷史觀。常設展的主題叫「存活的精神」（Spirit of Survival）——不求雄圖萬象，能活下來就是勝利，開宗明義站在夾縫看世界。展覽以一系列的問題來總括愛沙尼亞的歷史，例如「愛沙尼亞有過多少個統治者」的展廂，就列明在過去八百年的歷史當中，愛沙尼亞有過超過十個外來的統治者，獨立自主的時間只有四十年，其餘時間由丹麥皇室、德國武士、瑞典王國，以及前蘇聯等外來政權佔領。另一個展廂則問了一條很奇怪的問題「愛沙尼亞人快樂嗎」，而答案也十分奇特：「愛沙尼亞人是歐洲最不快樂的人之一。這可能是因為北歐的天氣和數個世紀的外來統治」。解說詞再列舉了一系列蘇聯時代的悲慘歷史，然後加上一句「這是為何愛沙尼亞人會很務實的說：能活下來就是快樂」。我未曾見過有國家是這樣介紹自己的歷史的。

從舊商會會所出來，我再走到位於城外海邊的展館，看看那邊會否有更詳細的介紹。走到莊園大門，發現四處都是工地，建築工人在忙碌工作。原來為了趕及二〇一八年愛沙尼亞首次立國一百週年，整個博物館都在重修。對啊，既然要重新寫歷史，那博物館當然也要重新修一遍。還好莊園的馬廄已經整修完畢，有一個特備展覽在進行，我不至於白來一趟。特備展覽的題目是「城堡和走卒：德國佔領的愛沙尼亞　一九四一——一九四四」，單看這個題目便再一次看到在夾縫中求生存的歷史視野。在蘇聯的正史當中，二次大戰的歐洲東面戰場被稱為偉大衛國戰爭（Great Patriotic War），而當中要愛護要保衛的祖國，自然就是蘇維埃社會主義共和聯盟了。問題是在愛沙尼亞獨立之後，這兒的正史是把蘇聯對愛沙尼亞的管治視之為數十年的非法佔領，原來的獨立地位是在二戰前被蘇聯所強行奪取的。那麼二次大戰的歷史，則明顯不能再視之為「偉大」的「衛國」。相反，二次大戰應被理解為希特拉[1]和史太林兩個草菅人命的大壞蛋在打仗，無數的平民百姓被犧牲，愛沙尼亞人成為他們棋盤上隨時可以放棄的士卒，也就是特備展覽題目的來由。

1 〔德〕阿道夫・希特拉，Adolf Hitler（一八八九—一九四五），台灣譯作希特勒。納粹黨領袖，任納粹德國元首時，引爆第二次世界大戰並發動猶太人大屠殺。

當年囚禁政治犯的獄室鐵門。

展覽花了不少篇幅提到愛沙尼亞人如何在兩個強國之間失去自主。先是蘇聯以保護愛沙尼亞的名義在一九四〇年強行吞併了愛沙尼亞，立即推行各種公有制改革，為民生帶來巨大的破壞。一年後愛沙尼亞又落入納粹德國的手中，最初當地人還歡迎德軍趕走了紅軍，不過很快便發現表錯情。到了戰爭中期，德蘇雙方都有徵召愛沙尼亞人為己方服務，展館展示了一系列當時愛沙尼亞人穿著交戰雙方不同階級的制服，戰場上常見兄弟被迫對抗相殘。不過原來也有一些人拒絕為任何一個壞蛋服務，數以千計的愛沙尼亞人渡海前往芬蘭避難，並且加入了芬蘭軍隊。到了戰情逆轉德軍開始撤退時，他們又重回愛沙尼亞和紅軍對抗，意圖把一九一八年第一次世界大戰末期的愛沙尼亞獨立戰爭再演一次。只可惜這次他們沒有成功，此地在二戰後重新落入蘇聯手上。

經歷過一九四〇年的慘痛教訓，愛沙尼亞人當然沒有夾道歡迎紅軍的回來。除了加入游擊隊繼續反抗之外，也有不少人選擇再次渡海逃亡芬蘭，並轉折前往歐美各地，成為愛沙尼亞僑民，日後越洋推動愛沙尼亞民主。紅軍重奪塔林時曾經派出戰機轟炸舊城區，五百多名平民被殺。轟炸的遺址現在

東江縱隊

全稱為「廣東人民抗日游擊隊東江縱隊」，是中日戰爭期間，中國共產黨領導的一支抗日游擊隊，源於一九三八年成立的多支游擊隊，主要活動在廣東東江下游及香港周邊。中日戰爭結束後，一九四六年六月三十日根據國共兩黨的重慶協議，東江縱隊北撤到山東，編入中國人民解放軍華東野戰軍。

重光紀念日（Liberation Day）

紀念一九四五年八月三十日，第二次世界大戰盟軍獲得勝利，香港脫離日本佔領，重返英國統治（稱為「重光」）。

英屬時代是法定假期，定於八月最後一個星期一及前一個星期六。

變成一個公園，上面還有紀念碑說明蘇聯當局在往後五十年一直否認該次轟炸是紅軍所為。所以說，世上總沒有無緣無故的恨。

說起二次大戰，香港的二戰史何嘗不也充滿各種含混不清的說法。民間流傳當年英軍消極備戰，中國的官方歷史則批評國民黨沒有趁機奪回香港，這些說法在本地史學家面前都站不住腳。在我成長的時候還會聽到加拿大軍隊協防的故事，現在要說二戰的都去說東江縱隊，就連香港重光紀念日也不再慶祝，公眾假期也取消了。還好尚有本地史學家在努力保存這段歷史，早前就聽過一個關於日本特務和香港黑幫的二戰研究，相當有趣。

二戰展覽以愛沙尼亞重新獨立後首任總統 Lennart Meri 的一句話作結：「愛沙尼亞是一個小國。我們大多數人都有親戚死在西伯利亞，有親戚在二戰時為德國賣命而陣亡，也有親戚在二戰時為蘇聯賣命而陣亡；有親戚曾經是共產黨員，也有親戚為了逃避共產主義而跑到西方。所謂共產主義比納粹主義要好，或者反過來說，對這些愛沙尼亞人來說是沒有分別的。」由這位前總統說這句話特別深刻，因為在競選期間他自己也被指控和KGB有關，然而在數十年的蘇聯統治之後，試問有誰是「身家清白」的呢？

歌唱革命

儘管我們往往追求革命的純潔，革命的現實總是混亂的。愛沙尼亞要重寫過去數十到數百年的歷史已經這麼困難，那麼八十年代末到九十年代初的這段反抗蘇聯的抗爭史，又該如何書寫呢？我此行其中一個最主要的目的，就是要考察前蘇聯各國的獨立運動何以成功。而在眾多例子當中，又以愛沙尼亞的過程流血最少，重新立國後的發展最為穩健。我既然來到這兒，得到歷史現場去看。於是我從市中心坐巴士到城外的塔林歌唱節的場地去。

塔林歌唱節的場地建在一個小山坡上，下面是一個大形天幕，而另一面則是向上傾斜的大片草地，看起來和維多利亞公園的六個足球場加起來差不多大小。朋友知道我去塔林，就提醒我一定要去塔林歌唱節的場地，因為那兒是愛沙尼亞的革命之源。顧名思義，這個地方是用來搞演唱會的。但這兒的演唱會卻和愛沙尼亞的身分認同不可分割。

說到唱歌和抗爭，香港人曾經很善於借用流行音樂來為抗爭打氣，《海闊天空》原為公認的抗爭歌曲。然而到了今天的香港，在集會中唱歌已常常被批為「卡拉ＯＫ社運」，很多人會覺得唱歌不是真正的抗爭，首句歌詞「今天我……」也變成了貶義詞。我猜想，如果我和愛沙尼亞人討論香港的這個轉變，他們大概會覺得不可思議，因為他們脫離蘇聯獨立的抗爭運動，正正就是叫作「歌唱革命」。對，唱歌也有意義，唱歌更可以是革命。

這兒得從十九世紀末的愛沙尼亞民族覺醒運動開始說起。十九世紀歐洲各地興起民族主義，而這思潮也傳到當時由帝俄統治的愛沙尼亞。帝俄在十九世紀末推行俄羅斯化，但哪裡有打壓哪裡就有抗爭，當地人開始意識到他們有自己的語言、自己的文化，而且不去主動維護的話就會被宗主國所同化，促使了民族覺醒運動的興起。一八六九年舉辦的第一屆愛沙尼亞歌唱節成為民族覺醒的載體，道理和香港人的身分認同可以由許冠傑和黃霑的廣東歌開始說起差不多。這第一次的民族覺醒運動，促成了愛沙尼亞在一九一八年的第一次獨立。

雖然後來愛沙尼亞被蘇聯吞併，但是歌唱節還是每隔幾年一直辦下去，每次都有數以萬計的人參加。蘇聯也知道文化自主的可怕，於是規定歌唱節不可以唱愛沙尼亞語而要唱俄語歌曲，而且要以歌頌偉大共產革命之類的內容為主。但人們歌唱的熱情是不能禁絕的，其中最著名的歌曲 "Mu isamaa

on minu arm”（我的祖國是我的愛），在一九四七年的歌唱節繞過審查公開演出，成為愛沙尼亞的非正式國歌。可想像，這首歌之後被打成禁歌。到了一九六九年，也就是歌唱節一百週年，程序表雖然沒有這首歌，活動本來要終結了，萬名參加者卻自發在台下清唱，唱完一次又一次。在禁無可禁之下，當局讓歌曲作者上台指揮，把這首歌唱完。歌曲也成為每次歌唱節的最後一首歌，不唱大家就不肯散場。愛沙尼亞的身分，如是者被保留下來。

時間來到一九八〇年代，戈爾巴喬夫領導下的蘇共推行改革開放，挽救之前一直停滯不前的經濟發展。改革的其中一個重點正是言論鬆綁，而愛沙尼亞立即抓住了這

愛沙尼亞歌唱節場地，歌唱革命的第一現場。

個機會，重新審視他們的歷史，包括之前說過導致愛沙尼亞首次獨立終結的德蘇密約。蘇聯的官方立場從來是不承認密約存在，愛沙尼亞是自願加入蘇聯的。對密約的重新發現，成為第二次愛沙尼亞民族覺醒的起點。一九八八年的夏天，在塔林一次歌頌愛沙尼亞認同的音樂會後，參與者自發走到歌唱節的場地繼續自己唱，結果聚集了十萬人。一晚又一晚，自己來這兒唱歌的人越來越多，而且唱的都是愛沙尼亞自己的歌：「我是愛沙尼亞人，未來也是，正如我本來就是」（Eestlane olen ja eestlaseks jään, kui mind eestlaseks loodi）。他們從唱歌開始，漸漸變成唱自由，然後再變成講自由，唱歌活動演變成政治集會。就在這歌唱晚會中，一名青年人騎著鐵騎，車上綁上了愛沙尼亞被蘇聯吞併前的藍黑白舊國旗，駛進會場內繞圈。如是者，大家都把過去數十年收藏起來的被禁旗幟拿出來，讓藍黑白三色在人群中飄揚，「歌唱革命」也就開始了。

要進一步認識「歌唱革命」，我來到塔林舊城旁邊的佔領博物館和人民陣線博物館。這兩個博物館都是為了紀念愛沙尼亞被蘇聯佔領的歲月，以及「歌唱革命」的歷史而建立的。佔領博物館位於舊城附近，是一座獨立建築，四邊都是落地玻璃，寓意歷史要看得見陽光。走進佔領博物館，聲音導賞一開始便說「這不是一個完美的博物館」，例如他們本來想放一架火車車架進來，去展示愛沙尼亞人被流放到西伯利亞的歷史。但更重要的是他們承認這個故事不容易說清，因為在蘇聯的管治下人人為了掙扎求存，都學會了雙重思想。而且當你不欺壓別人就會被人欺壓的時候，也不易說清到底誰才是欺壓者。而在尋求獨立的過程裡誰是英雄、誰是叛徒，在歷史洪流當中也沒有簡單直接的答案。所以博物館選擇盡可能以一個中立的角度去策展，拒絕煽情的表達，盡量提供不同的角度，還原歷史的全貌。

愛沙尼亞的獨立運動是由相對溫和的文化和環境保育運動開始的。藉著

反高鐵

二〇〇九年下旬，香港政府推動「廣深港高速鐵路－香港段」，然而無論是財政支出、回收土地、車站選址與設計及出入境安排等面向，都引起社會爭議與衝突；之後其經費仍獲香港立法會通過，但進度多次延期，預算亦超支，反對者長期抗議，至今仍是爭議性議題。

戈爾巴喬夫的改革開放，愛沙尼亞人開始勇於質疑政府，例如在一九八七年組織了反對開採磷礦的抗爭，當中保護環境的追求成為保護國土意識的啟蒙。比香港人的反高鐵、反三跑和反新界東北幸運，他們成功迫停了蘇聯當局的開礦計劃。也正如香港近年的本土運動可追溯到保護利東街和天星與皇后碼頭的抗爭，愛沙尼亞人同樣在一九八七年成立了「歷史傳承學會」，以討論本地文化為掩護，質疑蘇聯管治對當地文化承傳的威脅。而在這段時間，也越來越多人走出來要求蘇聯承認德蘇密約，並要求蘇聯就史太林年代流放愛沙尼亞人到西伯利亞的暴行道歉等。

來到一九八八年，事情開始起實質的變化。社會學者Edgar Savisaar在一個直播電視節目中提議成立「愛沙尼亞支持改造人民陣線」（Rahvarinne Perestroika Toetuseks），表面上是要支持蘇聯的改革開放，實際上則是要聯合各萌芽中的反對力量，為愛沙尼亞尋求出路。人民陣線博物館對這段過程談得比較多。博物館位於獨立廣場前，相當顯眼，不過地方不大，以文字和圖片介紹為主。

初時人民陣線的策略是十分小心謹慎的，一方面主張愛沙尼亞的主權，同時又願意和蘇聯維持鬆散的邦聯關係。他們的一些早期活動，在今天的香港抗爭者看來肯定是嚴重地「和理非非」（和平理性非暴力非粗口）的。例如當時在建的國立圖書館要鋪設一條二千五百米的電纜，工程遲遲未能完成，於是人民陣線就號召了數以千計的民眾來到工地齊齊掘地，一晚之內把工程完成了。這看起來好像和爭取自主不太相關，但「自己電纜自己鋪」對於很多希望親力親為表達本土情感的人來說，是一件很有成就感的事情。我想起二〇一二年夏天，數以千計的香港市民走到海灘清潔因為颱風而散入海中再沖上岸的膠粒，這後面不可能只是一場環保活動，對參與者來說也肯定是一次對土地情感的表達。

人民陣線在往後的一年花了不少時間搞「商討日」和選舉組織代表，以確定他們代表大多數人的地位。我得說明當時除了人民陣線之外還有不同的勢力在活動。一方面，有俄裔組織呼籲要團結，家和萬事興，攻擊抗爭者是賣國賊。另一方面，也有抗爭者不滿人民陣線不夠激進，另行成立「愛沙尼亞民族獨立黨」，直接以「愛獨」作為政綱。在一場反抗運動當中，總會有人走得比較前，有人走得比較後，全世界都一樣。

反三跑

「三跑」意指「第三條跑道」。香港機場管理局於二〇一〇年代發表《香港國際機場2030規劃大綱》，其中包含三跑道系統發展方案，意即建議為香港國際機場興建第三條跑道及其他大量相關及配套設施。此方案於二〇一五年獲香港行政會議通過，預計二〇一六年動工，最快二〇二三年竣工。但因其耗資極鉅，現有雙跑道是否已飽和、跑道計畫的內容是否周全，以及空域管理問題也都引發社會廣泛爭議。

反新界東北

「新界東北發展計劃」是一項香港政府正在推行的城市發展計劃，內容為將超過三百公頃的鄉郊土地發展為住宅和商業用途。在發展區內生活和耕作的居民要求不遷不拆並保留鄉郊生活方式，而計劃的選址、收地方式和審批過程也受到公眾質疑，引發示威抗爭。

人民陣線的代表作，是在一九八九年八月二十三日舉行的「波羅的海之路」（Baltic Way）。波羅的海三國的抗爭者藉德俄密約簽署五十週年的日子，發動三國人民手牽手人鏈衛國的壯舉。二百萬人的人鏈從愛沙尼亞的首都塔林開始，經過拉脫維亞的首都里加，一直延伸到立陶宛的首都維爾紐斯，全長六百多公里，場面極為震撼。這完全是一場和平示威，二百萬人的人鏈完成後便和平散去，沒有衝擊什麼政府設施，「影完張大合照便散水」[2]，卻是整場獨立運動最標誌性的一幕。人民陣線博物館內放置了一台當時接送參與者的小客車，看樣子竟然有點像大眾車廠的「嬉皮士車」。車內放了一台電視播放紀念該活動的音樂錄影帶，歌曲的名字叫《醒覺吧波羅的海》，分別由愛沙尼亞語、拉脫維亞語和立陶宛語唱出，旋律十分易記，我發現自己往後整個月都無緣無故哼著這歌。

與此同時，獨立黨和其他激進組織繞過體制上的愛沙尼亞蘇維埃社會主義共和國，開展其重新建國行動，成立「愛沙尼亞公民委員會」，登記「愛

[2] 香港用語，意指拍完大合照後便解散了。「散水」，香港用語，指解散、跑走了。

愛沙尼亞國會大樓，前最高蘇維埃的所在地，通過獨立議案的現場。

沙尼亞國民」。短短數個月之間，在百多萬的人口當中，有八十萬人登記成為「國民」，再自行選舉其「愛沙尼亞國會」。在「佔領博物館」可找到很多當時由不同團體印刷的革命刊物，很有時代洪流浩浩蕩蕩的感覺。

愛沙尼亞的幸運之處，在於建制本身的快速轉向。戈爾巴喬夫的「公開性」政策本意是要對抗官僚系統對改革的抗拒，卻成為波羅的海各國推動獨立的契機。在上述各個組織的壓力之下，當時的立法機構最高蘇維埃和蘇聯當局越走越遠，通過各種「挑戰中央底線」的決議，包括經濟獨立、重訂愛沙尼亞語為官方語言、蘇聯法令需經愛沙尼亞最高蘇維埃通過方得於當地實施、確立愛沙尼亞的「主權」、廢除「愛沙尼亞蘇維埃社會主義共和國」的國號，以及重用舊國號、國旗和國徽。

身為一個香港人，我對這段歷史是感到很難理解的。在我的想像中，一個地方政權，甚至可以說是一個傀儡政權，怎可能做出和中央對著幹的各種決議呢？在人民陣線博物館，我向當值的職員提出了我的疑問。他大約三、四十歲，一頭電曲了的紅髮，帶著個圓形膠框眼鏡，一看就是書呆子的那種人，我猜他可以幫我解答這問題。他會一點英語，但卻好像無法明白我的問題。在他眼中，建制的讓步似是理所當然的。他從戈爾巴喬夫的改革說起，然後以「時代巨輪」來總結。同樣的問題，我在佔領博物館也問了一次。當值的是一個年輕的小伙子，百分百的陽光男孩，獨立時他還未出生。他也不完全明白我的問題，雖然他的英文說得很好，我更覺得他不覺得我的問題是一個問題。他給我的答案是：「我不覺得那些議員真的全都支持愛沙尼亞的主權，只是歷史的進程開始了，誰也擋不住」。

我無法否定他倆的說法，但我總覺得世事應該有多一點的解釋的。我唯有坐在佔領博物館的最後一個展覽廳，慢慢看完有關「歌唱革命」的介紹影片，從博物館的官方說法找答案。影片最後一段找來了一位當地的歷史學者作總結，他的說法和書呆子與陽光男孩的說法都不一樣。他說，愛沙尼亞成功獨立的原因可歸納為二字：「幸運」。我的天啊，我飛了差不多八千公里來到這兒，滿懷希望的想把波羅的海的經驗帶回香港分享，好讓無論對獨立採取何種立場的朋友也可以有充實一點的討論理據。誰知道愛沙尼亞佔領博物館給我的答案，既非讚頌抗爭人民的不屈不撓，也非崇拜領袖的智勇雙全，也沒有把愛沙尼亞的獨立視之為「歷史和正義的必然選擇」，而是以「幸運」二字總結之，是否有點反高潮呢？這個「經驗」，我怎麼拿回香港分享呢？

從佔領博物館走來，我慢慢走到原最高蘇維埃的所在地，也就是現在的愛沙尼亞議會（Riigikogu）。議會大樓設在塔林舊城的上城區，主教座堂的對面。兩者中間的廣場有很多遊客，不過他們都是在和主教座堂拍照，只有我一個人反過來為議會大樓拍照。我在門外逛了一圈，發現這兒並不開放參觀，不過有個小小的議會大樓紀念品店在旁邊。我進去找到一本議會出版的獨立過程紀錄，並附各主要議案和投票紀錄，立即買來看看他們的說法。

我特別留意到選舉的影響。愛沙尼亞在一九八九和一九九〇年經歷了兩場選舉，分別是蘇聯全國人民代表大會和愛沙尼亞最高蘇維埃的選舉。這兩場選舉的奇幻之處，在於它們是當時蘇聯實驗民主化的產物，候選人不設篩選，選舉過程公平公開公正。如是者，人民陣線的代表在兩場選舉中都獲得勝利，為建制帶來沉重的壓力，接下來就不得不跟著民意走。試想想，如果港區全國人大由普選產生，泛民取得多數議席，再在全國人大「不按本子辦事」地提出各種令中央政府難堪的提案，會帶來怎麼樣的一連串後果？愛沙尼亞和其他波羅的海新當選的代表，就成功迫使蘇聯在一九八九年底承認了德俄密約的存在，為獨立運動加一把火。

值得注意的是，這一切都是在東歐巨變的前提下發生的。波蘭的團結工會在一九八九年六月四日進行的首次民主選舉中大獲全勝，匈牙利、捷克、保加利亞和羅馬尼亞等東歐各國紛紛走向民主。象徵共產鐵幕的德國柏林圍牆在一九八九年十一月九日倒下，一年後東西德統一。蘇聯在這過程中未能維持對東歐的控制，一方面為蘇聯內部的抗爭行動打了強心針，同時也改變了世界各地對冷戰格局的理解。

由人民陣線議員所主導的愛沙尼亞最高蘇維埃，通過了前文所述的各項議案，一步一步的把愛沙尼亞推向獨立。蘇聯不承認這些議案的效力，雙方一直僵持到一九九一年一月，親俄勢力分別在立陶宛和拉脫維亞發動政變，試圖推翻兩地的最高蘇維埃，阻止其獨立進程。愛沙尼亞的情況相對幸運，蘇軍沒有再重複其餘兩國的武裝介入，避免了流血事件在此發生。最高蘇維埃通過在三月舉行全國獨立公投，八成三的投票率下有七成八支持獨立。以此為強烈基礎的獨立談判本來進度緩慢，但到了八月份時談判已不再重要。八月十九日，蘇聯的保守派發動政變意圖推翻戈爾巴喬夫；八月二十日，愛沙尼亞最高蘇維埃趁機會宣佈正式獨立；八月二十二日，冰島宣佈承認愛沙尼亞獨立。接下來，整個蘇聯在半年間急速瓦解，愛沙尼亞也恢復了國際社會的地位。

這兒，我看到愛沙尼亞的抗爭運動並不止是一場在愛沙尼亞發生的運動，而是蘇聯自己面對的危機，以至整個歐洲甚至世界局勢突變的其中一環。在這過程中愛沙尼亞內外的不同力量如果做出了不同的選擇，歷史的走向或會改變。試想想，如果蘇聯的八月政變沒有發生，事情會完全不一樣。在這種意義下，所謂的「幸運」，不如說是歷史偶然性面前的一點謙卑。

當然，愛沙尼亞自己的力量也十分重要，其中最高蘇維埃的轉向應是決定性的。作為法理上的立法機構，它的決定最有能力迫使蘇聯當局回應，也最有條件得到國際社會的支持。反對派在立法機關過半，就是變天的開始。相對來說，自發成立的「愛沙尼亞國會」向蘇聯提出的要求則完全被無視。他們即使到了八月二十日晚上仍然堅持自己才是革命正宗，到了半夜才肯接受由最高蘇維埃負責宣佈獨立，決議要到晚上十一時零四分才通過。

看到這點的人不只我一個。據說中共在蘇聯倒台後花了大量精力研究上面談到的眾多歷史事件。波羅的海各國的獨立促使了蘇共的全面倒台，而中共肯定不希望同樣的事情在中國上演。從這個脈絡去看，為什麼香港的立法會不可能做到一人一票，為什麼行政長官甚至現在連立法會候選人都要經過政治審查，一下子就變得相當清楚了。問題的核心不在香港，中南海沒有那麼多心思關心這個南方小島，他們關心的是自己的江山要坐得穩，他們要防微杜漸。香港的所有政權性機構的產生方法都被牢牢鎖住的原因，答案就在波羅的海。

歷史遺留

來到我在塔林的最後一天，我再去看海。塔林面臨芬蘭灣，這個海灣自古以來就把這兒和世界連接起來。我來到海邊，想起海事博物館說的維京人，想起塔林市博物館中說的漢莎聯盟，還有一九四四年蘇聯再次進軍愛沙尼亞的時候，從這兒逃到西方的七萬多人。

塔林的海邊有一座很奇怪的建築，離遠看過去就是一大塊的超級混凝土板，和塔林舊城的中世紀建築完完全全是相反面。話說一九八〇年莫斯科舉行奧運會，因為是內陸城市的關係，帆船比賽就放在塔林舉行。這還是有一點道理的，最起碼比北京奧運的馬術比賽要在香港舉行來得合理。雖然俄羅斯自己也有靠海的城市，但我想當時蘇聯大概也希望愛沙尼亞人可以「共享做蘇聯人的榮耀」吧。儘管該屆奧運被多國杯葛，蘇聯當局還是花了大氣力去翻新塔林的設施，包括有這兒興建了一個大型的文化體育場館，也就是這個後來被稱為Linnahall的地方。

來到今天，這兒已變得十分荒涼，好像自從愛沙尼亞獨立以來都沒有整修過似的，到處雜草叢生，路燈的燈罩破了一大半，遍地都是玻璃碎片，牆上噴滿各式各樣的塗鴉。原來的場館變成了一間看起來相當低檔的夜總會，

林納哈爾（Linnahall）前奧運場館。

地庫已被鎖起來了，而往日帆船下水的地方則堆滿了垃圾，還有一架不知道從何而來的超市手推車被遺棄在水中央。

對，這是一個刻意被遺棄的地方。愛沙尼亞經濟很好，正在邁向成為一個正常的北歐國家。這個國家也很貼近時代發展，膠袋要收費，買汽水要按樽。政府大力支持創新科技，本地人會很自豪的說Skype是由愛沙尼亞人發明的。要好好的維護這個曾經的奧運會場地，他們肯定是有能力的。但他們選擇讓這兒荒廢。我看到網上介紹政府提過一些重建或復修的建議，例如改作展覽場館等等。但我還是相信如果愛沙尼亞政府真的有決心要做的話，應該早就已經修好了。

我坐在這巨型混凝土建築的頂端，看著面前的芬蘭灣。我想：這合適嗎？我的意思是，這兒曾經見證過塔林協辦奧運，也算是光榮的歷史。是否就因為它代表蘇聯時代，便要刻意遺棄呢？反過來說，這算是遺棄嗎？讓青年人在這兒塗鴉、喝酒、跳舞、玩滑板，是否也正為此地添上另一層的歷史意義？

在我往後遊歷的眾多前蘇聯國家當中，我一次又一次的看到好像是Linnahall這樣的地方。我想，我們千萬不要誤會獨立就是終點。獨立，極其可能只是一個分號。

Chapter 3

拉脫維亞

Latvia

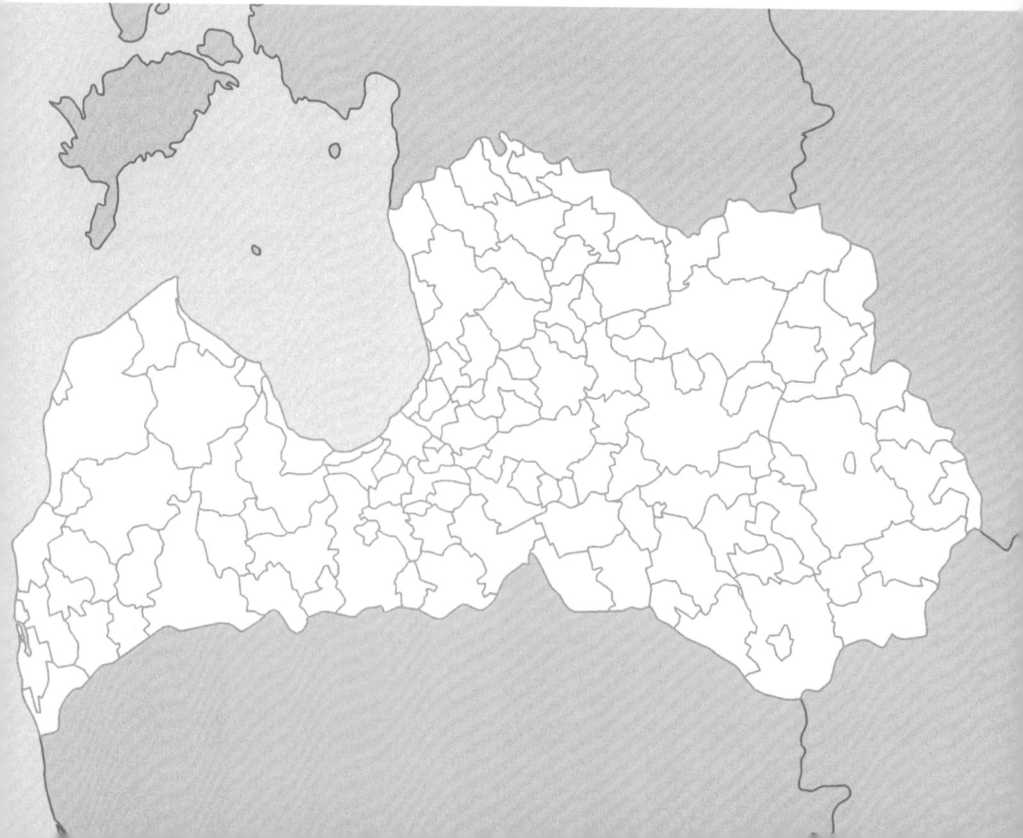

Latvijas Republika

拉脫維亞

首　　　都：里加
宣告獨立日（自俄羅斯帝國）：1918.11.18
獨立獲承認：1921.11.18
宣布獨立日（自蘇聯）：1990.5.4
正式獨立日：1991.9.6

國 土 面 積：64,589平方公里
總　人　口：1,994,300人
貨　　　幣：歐元（€）（EUR）
官 方 語 言：拉脫維亞語

從愛沙尼亞的首都塔林到拉脫維亞的首都里加，最正常的方式就是搭長途巴士。但這方式太沒趣，我在網上找到一家本地遊的公司，專門做來往塔林和里加的接送，只是他們會把四小時的車程變成十二小時，途中到訪不同的小鎮和歷史名勝。我一大早帶著行李林到塔林舊城的旅遊中心門前，導遊T已在等候。T是一個愛沙尼亞女子，三十多歲。媒體上的波羅的海女子都像模特兒一樣標緻，她卻更像鄰家女孩一樣的可親。我們一行六人坐上她開的小客車，出發前往拉脫維亞。

在路上我們到訪不少古蹟，例如中世紀十字軍入侵的古堡，還一起玩過傳統愛沙尼亞鞦韆（kiik）。但我最感興趣的，還是她分享第一手的家庭故事。T的曾祖父母開農場，蘇聯時代被視為地主階級遭到批判，祖父被流放到西伯利亞。她說，在祖父被押上火車的時候，有恩人向他說了一句十分有用的話：「他們問你是做什麼的，你就說你是修爐灶的。」他答：「但我不會修爐灶啊！」「你別管，到時你再學，你這樣說就是了。」到步後他就明白了，因為他聲稱會修爐灶，所以被安排在室內工作，不用在嚴寒的野外開荒，全靠這點保著了性命。到了史太林逝世後，迎來赫魯曉夫的「解凍」年代，他才能回到愛沙尼亞重新開始。

T在獨立前出生，還記得物資短缺的歲月。她說她小時候會偷偷走去同學家中，因為他們的電視能接收到芬蘭傳來的訊號。在蘇聯時代，有錢是沒有用的，因為沒有貨品，關鍵是有沒有配額可以買貨。如果要買裙子，店內就只有一種款式一種尺碼，你買回來再自己想辦法改成合穿的樣子。如果你家中有人在芬蘭居住，而且送來了他們的二手衣物給自己穿的話，那可是件不得了的事情，立即會成為全校最時髦的那個人。我聽她說了又說，我想，這不就是從前香港與廣東的關係嗎？那些一袋又一袋用紅白藍塑膠袋帶過去的衣物，我一輩子都會記得，還有從前在家鄉的電視裝一個信號加強器來接收無線電視的節目。人總是渴望自由的，即使這對自由的追求可能只停留在物質生活。現在愛沙尼亞和芬蘭都是歐盟申根公約的成員，沒有邊界了，每天超過千名遊客從芬蘭前往塔林觀光消費。還好，兩地經濟差距已縮小了很多，沒有什麼移民和「雙非嬰兒」的問題。

同樣被取消邊界的，還有愛沙尼亞和拉脫維亞。我們來到邊境小鎮Valga，一個名符其實就在邊界上的一個小鎮：北邊一半在愛沙尼亞，南邊一半在拉脫維亞。拉脫維亞和愛沙尼亞的歷史很相似，里加也是漢莎聯盟的成員，經歷過十字軍入侵，同樣是在北方戰爭期間落入帝俄手中。到了一九一八年愛沙尼亞搞獨立的期間，拉脫維亞也趁機搞起獨立來。於是乎，Valga 就由處於俄國境內變成處於兩國的邊界。互不相讓之下，邊界直接在鎮中心的街道上穿過。然而隨著蘇聯在一九四〇年吞併波羅的海三國，這條邊界又變得不再重要，直到一九九一年三國獨立才重新被架設起來。如是者過了十六年，到了二〇〇七年波羅的海三國連同東歐各國一同加入了申根公約，這條邊界又再一次被撤銷。本來的檢查站已被送到附近的一個博物館，我們只靠T在車上宣佈「我們在前面街口轉左便是拉脫維亞了！」才知道已經跨越國境。我是搞地理出身的，我明白疆界從來是一個人為的流動概念，一點也不神聖。

讓我說回那個在Valga的博物館，這地方放置了不少蘇聯時代留下來的軍備，T在一輛輛的軍車面前跟我們分享了脫離蘇聯獨立的故事。她說的片段我大多已在塔林的各個博物館看過，不過聽她說她自己的親身參與還是十分有意思的。她也參與了歌唱節場地的晚會，和數以萬計的群眾一起唱歌，一起聽政治領袖發表「大逆不道」的演說，一起見證電單車搖著舊國旗進場的一刻。她的父母也有簽名登記做「國民」，想像是否正在簽署流放西伯利亞的通行證。Ｔ很快樂的和我們分享這些片段，而且很明顯是出於對家鄉的熱愛而不是導遊的專業訓練。和歷史博物館一樣，她提到在過去數百年的時間中，當家作主的時代只有數十年。但她在後面笑容燦爛的加了一句：「你說，這是不是最好的年代？」

我無法不羨慕Ｔ。我也想起聖彼得堡的Ｙ，她們就好像是兩個世界的人一樣，一個自信滿滿，一個膽顫心驚。而我呢，無論是香港還是中國，制度上都沒有讓我參與改變未來的進路。只有通過自身的參與，認同才會變得實在。否則，即使嘴裡說再多的愛國愛港，我知道我的內心深處也永遠無法如Ｔ那般自豪。

拉脫維亞國會大樓，前最高蘇維埃所在地。

轉型正義

來到里加已是晚上九時，雖然天還未黑，但經過一天車程已很累了，還是先休息一晚。我對來里加還是很期待的，我甚至會說這次前蘇聯之旅的緣起來自里加。這兒要回到我還是初中學生的時候，當時正值前蘇聯倒台，里加這個名字第一次在香港的傳媒當中出現。我不知為何對這名字十分著迷，還決意要寫一本小說，就是我自己在里加的故事。當年沒有網上地圖，我對里加唯一的認識是它在一條河上。今天終於來到了，唔，這條河比我想像中要闊很多。

里加遠比塔林要大，就算只計舊城區恐怕也要最少大一倍，相信和中世紀時的沿河貿易有關。即使到了蘇聯時期，里加也扮演了整個波羅的海行政中心的角色。在塔林，只要一離開市中心，很快便會走到那些只有一兩層高的平房住宅區。在里加，舊城以外尚有一大片五、六層高的建築，有些更是新藝術運動（Art Nouveau）時期建築風格的代表，有幾條街還被譽為新藝術運動的露天博物館。

我的第一個目的地是KGB大樓。在聖彼得堡的時候，我只能在KGB大樓的門外匆忙走過。知道里加的KGB大樓近年終於開放讓公眾參觀，我

新藝術運動（Art Nouveau）

源自一八八〇年代，在一八九〇年至一九一〇年間蓬勃發展，並於一九〇〇年在巴黎舉行的世界博覽會達到頂峰。其藝術風格充滿具活力的波浪形和流動的線條，不否定機器的作用，也不排斥使用新材料，在建築、繪畫、裝置設計等領域都有所發揮，是二十世紀大眾文化的重要創發，其風格也迅速在一般量產商品中大量普及。

KGB大樓

便決定必須要去一探究竟。大樓建在一百年前拉脫維亞首次獨立的時候，當時用作政府辦公大樓，紅軍來到後成為蘇聯國家安全部門在拉脫維亞的所在地。到了一九九一年拉脫維亞重新獨立，大樓由新政府警察局接管，至二〇〇七年起停用，近年才變成了一個介紹蘇聯佔領時期暴行的博物館。

和聖彼得堡的KGB大樓一樣，本地人一樣戲稱從這兒的頂樓可以看到西伯利亞，我懷疑這是個全蘇聯通行的黑色幽默。大樓每天早上安排英語導覽團，可以進去地下室的牢房參觀，這次帶團的B是一位中年男人，滿臉鬍鬚，說的英文帶有很濃的口音，我要很留心才聽懂他說什麼。在開始之前，他先說明這大樓只是近年才對外開放，而且之前都沒有做過甚麼修復工程，可說是保留著最原來模樣的一個ＫＧＢ博物館。Ｂ說他蘇聯時代在俄羅斯當獄吏，很清楚蘇聯的監獄的確是這樣子的。他要作這個聲明，是因為自從博物館開放以來，有不少曾經被關在這兒的政治犯刻意回來重遊舊地，卻發現和他們被關的時候不完全一樣。博物館的職員翻查紀錄，發現他們的說法正正和大樓改建的歷史吻合。除了政治犯之外，他們也聽說過有曾經在這兒工作的人回來參加導覽團，只是這些人不會在眾人面前承認他們就是之前濫用酷刑的軍官，只好當作傳言處理。

走進地底，面對昏黃的燈光、塗料剝落的牆壁和狹窄的走道，我立即感到一陣涼意。我努力和自己說這只是物理現象，地底通常比較濕和冷。Ｂ倒很冷酷的把這現象拉回這大樓的恐怖過去：ＫＧＢ明知道地底比較濕和冷，所以刻意把牢房放在地下室。冬天沒有供熱，被關在這樣的環境本身就是一種折磨。Ｂ帶了我們看一系列的拷問室和牢房，全部都十分陰暗和狹小，我想像數十年來有多少政治犯在這兒被嚴刑迫害，又有多少人因為受不住而意志崩潰。Ｂ還帶我們去看「放封」的地方，也就是讓囚犯可以出來透透氣的

未經修葺的牢房通道。

小中庭，其實也就是數十呎的空間，只是有一線夾縫可以看到天空罷了。由於關押在這裡的囚犯太多，他們其實沒有人手讓所有囚犯每天都可以「放封」，也就是即使這數十呎來回踱步的空間原來也是奢侈品。

B也提到KGB的工作不止於關押政治犯。大樓其他的辦公室從前還負責各種類的政治審查工作。例如有一隊人就專門負責監察本地人和外國僑民之間的書信來往，每封寄出境的郵件都拆開細看有沒有敏感話題，不少郵件因而「寄失」。當然日子久了人們也會找到各種婉轉的說法或是用迂迴的路線來傳達信息。他們也會審查文學和媒體，威

關押政治犯的牢房。

脅作家要小心慎言等等。不過和這些工作相關的辦公室似乎尚在修復當中，並未對外開放。

這兒最黑暗的日子，是在一九四〇年蘇聯剛剛吞併拉脫維亞的時候。當時逮捕了大量的政治犯，但在短短一年之後，納粹德軍已經開到里加門前，蘇聯當局來不及把這些囚犯押走，決定將他們就地處決。B把我們帶離地下室回到地面，來到大樓中央的亭園。這兒的空間比較大，還可看到一個能通往外面的卸貨區。卸貨區旁邊的一個空間，就是當年行刑的地方。為了掩蓋行刑的槍聲，行刑室的牆和門都是隔音的，行刑時外面更安排車輛把引擎開動。我們走進行刑室，看起來空蕩蕩沒有什麼特別，除了藏在一角的下水道口，準確一點說是用來沖走血跡的小洞。博物館方在行刑室的中央放了一台投影機，播放來自一齣電影的行刑片段，士兵流水作業地把敵軍俘虜送進房中槍斃再抬出來，冷漠而快速。

從行刑室走出來，我向B提了一個問題：「現在拉脫維亞獨立了，有沒有把當年打壓人權的共犯找出來，向他們追究責任？」B給了我三個答案。首先，在拉脫維亞重新獨立前的一段日子，在這兒工作的人早知道大勢已去，絕大部份都逃回俄羅斯了，現在根本找不著。第二是新政府並沒有開放所有的檔案，特別是比較新近的。可能他們也明白如果這樣做的話牽連會很大，所以先著手最早期的暴行，例如重新識別埋藏在亂葬崗的遺體。最後，他說只有重中之重的戰爭罪行，才受到國家的追究。B說，他明白史太林時代已過去了很久，相對於要找人出來承擔責任，他更希望找到的是歷史的真相。

我想到這個問題，是因為在來這個KGB博物館之前，我參觀過最類似的地方，就要數台北的景美人權園區。景美是從前台灣關押政治犯的地方，

暗角七警

二〇一四年十月十四日，香港雨傘運動期間，有七名警察將示威者及政治人物曾健超抬到添馬公園一處暗角，加以襲擊。此事又稱「七警案」、「暗角七警事件」、「七警打人事件」。

襲擊影像於新聞播出後，警察濫用職權的暴力行為讓各界譁然。二〇一七年二月，法庭裁定七名涉案警員罪名成立，判處入獄兩年。但警界拒絕道歉，聲稱七警被判罪是受到司法迫害，並為七警提供大量經濟援助。此一態度再次引發輿論的爭議以及社會的對立。

也是當年美麗島審判的所在地，現在已開放讓公眾參觀，也可以看到囚室和相關的展覽。我特別記得在景美學會了一個概念，就是「轉型正義」，意謂當一個社會從威權走到民主，如何處理過去政府公職和相關人員打壓人權的行為，包括還原歷史真相，以及賠償受害者以至追究責任等等。類似的經典案例，有在柏林圍牆負責槍擊逃亡者的東德士兵，在德國統一後被追究殺人罪，並沒有因為「我只是跟從上司的命令」而獲得寬恕。我明白對於各個從蘇聯獨立出來的國家，他們要面對的不僅僅是記憶符號之爭，也有很現實的法律責任問題。

無可否認，說到轉型正義，我也想到香港的「暗角七警」，還有不知道特區政府隱藏了什麼的違法行為。只是香港沒有檔案法，相關的紀錄可能已被銷毀。就算有天終於可以在香港追究這些過錯，很可能也已經無證據可查。

B提到戰爭罪行，我來到拉脫維亞的佔領博物館就明白了他所指的是什麼。和愛沙尼亞一樣，拉脫維亞在重新獨立後也建立起為紀念納粹德國和蘇聯佔領的受害者而設立的博物館。拉脫維亞的那個本來設在里加舊城一座很有特色的新建築，但因為空間不足要重整，暫時搬到舊城北面的一座老建築當中。在博物館的入口，就放置了一塊關於轉型正義的特別展版。展版介紹的主角叫Vasily Kononov，是一名蘇聯軍官，一九四四年被派往拉脫維亞與納粹德軍作戰。按介紹所述，當時他帶領隊伍穿上納粹德軍的制服，在拉脫維亞四處作惡以圖觸發民眾反感。其中一次行動，他們在一座村莊殘殺了九名平民，當中包括一名即將臨盆的孕婦。五十年後，重新獨立後的拉脫維亞政府尋回和該次行動相關的足夠證據，決定以戰爭罪行起訴Kononov。他最終被判監六年，但事件在法庭拖拉了很久，還上升成為外交事件。普京在官司進行期間向他授予俄羅斯公民身分，稱讚他在衛國戰爭中的英勇表現，更以俄羅斯一國之力去支持他的案件。只是要追究一名軍官的罪行已經鬧出這麼大的風波，可見轉型正義之路如何崎嶇難走。

我是誰

既然來到佔領博物館，當然也要看一看拉脫維亞是怎樣談這段歷史的。這兒也有提供英語導覽的服務，帶團的小伙子叫A，可能是因為他戴了一個很可愛的煲呔[1]，所以看起來十分年輕，樣子好像一個中學生一樣，雖然他說他是一九八九年也即是拉脫維亞爭取重新獨立前便已出生。A很熟練的從一九一八年拉脫維亞首次立國開始說起，坦白說我聽得不是十分專心，可能因為類似的內容我在愛沙尼亞已經聽過一次，而兩國的歷史十分相近。A同樣把重點放在德蘇密約，並以此證明拉脫維亞當年是被非法吞併。我留意到他們用的英文翻譯是Stalin-Hilter Pact而不是較常見的Molotov-Ribbentrop Pact。這也對，罪名還是該數到兩個大魔頭身上，不要由外交部長頂替。之後提到集體經濟帶來的破壞以及邊疆流放的部分，都和在愛沙尼亞看到的相似，不重複了。

在A介紹完展館的常設展後，我和他談了一下獨立後身分認同的問題。他提到有些朋友面對很嚴重的認同困難，畢竟上一代是在蘇聯的教育和宣傳

1 煲呔，香港用語，譯自Bow tie，台灣稱作領結。

之下長大，和他們這一代人的世界觀很不一樣。他有個朋友的母親是蘇聯時代前就來的烏克蘭移民，安排了姊姊選俄文學校。到了弟弟要讀書的時候，改朝換代了，在拉脫維亞文學校上課。明明是同一家人，就因為讀的學校不同，產生了身分認同的衝突。A又主動提到克里米亞危機。他說因為上一代直接經歷過蘇聯的管治，對克里米亞危機也就特別敏感。原來在拉脫維亞的東邊也有一些地方有俄人聚居，他們看俄語電視，受俄國宣傳影響。A猜想如果普京要在這兒照辦煮碗[2]的話，北約會不會為了一小塊土地而和俄羅斯開戰呢？既有這樣的情緒，自然也會有利用這種情緒的政客，煽動仇恨從來是當選保席位的不敗程式。A說，即使拉脫維亞重新獨立已經二十五年了，親俄還是反俄仍然影響拉脫維亞的政治，很難走出這種二元對立的思維方式。

說到這兒，我再也忍不住要向A問一條我糾結了很久的問題：「你會支持俄羅斯民主嗎？」他用訝異的目光回看著我，一時之間也不懂得回應。他

[2] 照辦煮碗，香港用語，指依樣畫葫蘆、按照樣辦（即樣版）跟著做。

很快就明白我這問題的邏輯，畢竟普京是眾多問題的始作俑者，而普京的當選本身也被批評為是選舉操控的結果，俄羅斯與各前蘇聯國家的紛爭又被認為是普京轉移視線和加強國內控制的方法……這一切一切，都說明了要真正解決俄羅斯和各前蘇聯國家之間的緊張關係，不得不從俄羅斯的民主化談起。但是，對A來說，我這條問題問得太突然。或者該這樣說，在我之前，似乎從來沒有人和A以這種進路討論過拉脫維亞的問題，儘管A就在拉脫維亞佔領博物館上班。

同一條問題，我也問過愛沙尼亞佔領博物館當值的那個陽光男孩。他當時的反應和A一樣，也是呆了一下，不知道該如何回答，然後結結巴巴的說一句「我沒有這樣想過啊」。陽光男孩還加了一句，他這輩子原來一次也不曾到過俄羅斯，雖然邊界就在兩小時車程外。連續兩個佔領博物館的職員對我這條問題有相同的反應，也不可能純粹是偶然。我問這條問題，當然是想回應香港近年來的一個現象：年輕人對「建設民主中國」感到死心，甚至認為對香港自主有害。我不認同有害的說法，因為我看到所有民主中國有可能對香港做的壞事，今天的專制中國已經在做，而且不受應與民主並行的言論自由和司法獨立所監察。與此同時，他們二人給我的反應，卻也讓我對香港的年輕人多了一點諒解。無論是愛沙尼亞或是拉脫維亞，俄羅斯民主確實屬於「別國內政」，這些在重新獨立後長大的年輕人感到事不關己，並不奇怪。而對於很多香港的年輕人來說，他們無法參與中國政治，中國政府也不想他們參與中國政治，難怪他們也會視中國民主為「別國內政」。先不討論應不應該，最起碼我得承認這現象合乎常理。

離開佔領博物館後，我走到河對面的蘇軍勝利紀念碑。這地方KGB博物館的B和佔領博物館的A都有提過，我想我一定要來一下。這個紀念碑不難找，從里加舊城旁的主幹道出發，跨過河的對岸，再往前走一點便到了。紀念碑的主體是一條筆直的石柱，高七十九米，完全是蘇聯時代美學之作，很容易看得見。和塔林的士兵銅像一樣，這個紀念碑也成為記憶之爭的重心。

首先說一下B提醒我的歷史。他說在二戰末期紅軍重奪里加之後，特別找了七個德國將領在此處公開問吊，作為「愛國主義教育」的一部分。為求達到效果，他們還天天動員小學生來這兒看死屍。不過後來歷史學家翻查紀

蘇軍勝利紀念碑。

錄，其中一名被問吊者和公開的將領名字不符，應該是替死鬼來的。現在的紀念碑是一九八五年豎立的，A則提到每年的五月九日，也就是納粹德軍戰敗的一天，會有數以十萬計的俄裔人在這兒聚集，是他們守護身分認同的重要活動。但和在愛沙尼亞一樣，今天的官方立場是二戰結束只代表國家由被納粹德國佔領變成由蘇聯佔領，不值得大肆慶祝，這個紀念碑的命運也就成為了一個大問題。我在紀念碑下停留了一會，看見不少鮮花和祭品，猜想這兒常有紅軍後代前來追憶祖上。這兒雖然未至於如塔林的奧運場館一樣荒涼，但也明顯地破落失修。

和蘇軍勝利紀念碑遙相呼應的，是在里加舊城另一邊的自由紀念碑。這個紀念碑高四十二米，頂端是一個青銅鑄的自由女神，雙手高舉三顆金色的星星，代表拉脫維亞的三個憲法區域。紀念碑原來是為了紀念拉脫維亞首次立國時，獨立戰爭中陣亡的士兵。一九四〇年蘇聯吞併拉脫維亞後，本來想過要把這紀念碑夷平的，所幸當時有蘇聯的藝術家以美學水平高尚為由，要求保留。蘇聯當局接受了建議，但紀念碑頂端的意義，則被改為偉大的俄羅

自由紀念碑。

斯母親扶持波羅的海三國。我猜蘇聯應該有點後悔把這紀念碑留下來，因為此地到了八十年代就成為拉脫維亞版的維多利亞公園，所有的示威遊行抗議活動都由這兒開始。首先是一九八七年六月十四日，全蘇聯第一個公開反共的組織「赫爾辛基八六」，在此舉辦了獻花活動紀念當年被流放邊疆的受害者。正如香港的建制派懂得霸佔場地來阻撓抗議活動，蘇聯當局也在同日同地點舉辦單車賽事以作干預。兩個月後，團體再次舉辦獻花紀念德蘇密約，此時政府已按捺不住出動水炮驅趕。但民意是沖不散的，越是驅趕出來的人就越多，拉脫維亞版的「歌唱革命」就從這兒開始。

來到今天，自由紀念碑已成為拉脫維亞國家主權的象徵。和被遺棄的蘇軍勝利紀念碑不一樣，這兒每天有衛兵駐守，而且每小時換班步操表演，讓遊人圍觀拍照。一個首都，兩個紀念碑，兩種待遇，就是兩套歷史，和兩種認同。

守路障

拉脫維亞重新獨立的這段歷史，我想最好的切入點就在於他們守路障的日子。拉脫維亞反對派於一九九〇年三月在議會過半，一九九一年八月議會宣佈正式獨立，其中約一年多的時間，局勢相當緊張和混亂。到了一九九一年一月的時候，大有雙方攤牌之勢。在毗鄰的立陶宛，蘇聯的特別部隊已經攻佔電視塔和出版社，造成十四名平民死亡。消息傳到拉脫維亞，之前特種部隊已經攻擊過記者大樓和電話公司大樓，大家都害怕蘇軍很快就會全面鎮壓他們的獨立運動，民眾隨即走上街頭，在各個路口設置路障，防止蘇軍突襲。這就是拉脫維亞守路障的日子。

和香港二〇一四年的佔領運動不一樣，當時反對派在拉脫維亞的最高蘇維埃已經過半，他們要保護的是他們自己選舉出來的政府和議員。一開始的時候，路障也是用建築廢料臨時搭建，不過很快就換來了大型混凝土石躉。這些石躉有少量仍然保留在拉脫維亞舊城，就放在國會大樓附近的一個街角，成為中世紀教堂以外的另類風景。他們的路障也不易守，畢竟里加一月的氣溫通常徘徊在攝氏零下幾度，他們只好直接在路中心生火取暖。在守衛的過程中有多次衝突，特種部隊曾試圖突破防線，在拉脫維亞方面造成兩名警察和四名平民死亡。現在在舊城北面的護城河公園，就放置了多塊巨石紀念這些當時為國捐軀的義士。衝突維持了半個月的時間，對於這段歷史，我後來看到這樣的一個總結：「這些路障固然並不足以阻擋坦克，但這段守路障的日子起碼證明了兩點：人們已準備好犧牲，而對手沒有準備好面對這些犧牲所可帶來的後果」。我看著這句話，沉思了好久。他們對路障的意義想得很通透。

讓我們回到八十年代末，看看拉脫維亞是如何走到守路障的關口的。我走到位於舊城內的拉脫維亞人民陣線博物館，認識拉脫維亞重新獨立的過程。之前說過的愛沙尼亞人民陣線成為許多前蘇聯國家的榜樣，紛紛成立起「摩爾多瓦版」、「烏克蘭版」等的人民陣線，當中以拉脫維亞版的比較成功。人民陣線原來的辦公樓今天就變成了一個博物館，紀念拉脫維亞人爭取重新獨立的事蹟。

拉脫維亞同樣受惠於戈爾巴喬夫的改革，人們隨著言論解禁而越來越敢於挑戰政府。愛沙尼亞的起點是磷礦，拉脫維亞的起點則是基建。他們當時反的不是高鐵，而是地鐵。蘇聯當局原先建議在里加興建地鐵系統，當地學者卻質疑地質並不適合，而一般民眾則擔心興建過程會引來大量的外來移民做建築工人，而當時俄裔人口在拉脫維亞的比例已有超越本地人之勢。比香港人幸運，他們通過學者專家的反覆質詢，成功迫使蘇聯當局放棄計劃。另一個同期的例子則是道加瓦河水力發電站的抗爭。道加瓦河是拉脫維亞的母親河，里加城就建在河邊，里加的發展和河口貿易不可分割。發電站的建設會帶來環境和村落淹沒等問題，有報章發表文章質疑建設，引來民眾廣泛質疑，同樣迫使蘇聯當局收回建議。這些在八十年代的事件教會了拉脫維亞人一個簡單的道理：莫斯科的意旨是可以反抗的，而反抗是有可能成功的。

拉脫維亞人的抗爭也不是一帆風順，也有「自發」組織跟他們對著幹。人民陣線博物館就有一整個展廳介紹這些運動，例如一九八九年一月成立的Interfront，全名為「蘇維埃拉脫維亞國際工人陣線」，之後又有「保護蘇維埃與蘇維埃拉脫維亞憲法及公民權利委員會」，要求莫斯科廢除拉脫維亞議會，直接管治拉脫維亞。展覽廳內展出了一些他們當時印製的文宣，號召民眾加入他們的陣營，不過他們明顯沒有成功阻擋獨立的大勢。至於拉脫維亞

自己的本土共產黨（即土共）呢？他們在歷史浪潮面前分裂，有成員退黨保平安，自發成立「拉脫維亞獨立共產黨」，不再聽命於莫斯科，支持拉脫維亞獨立。我一邊看這部分的展覽一邊在想，「撐警大聯盟」的李偲嫣會否有天也會有一塊屬於她的展版，而這塊展版上又會寫上些什麼呢？

另一個我十分感興趣的展廳，則是介紹一九九〇年的最高蘇維埃選舉。也是和愛沙尼亞一樣，因為是第一次公開公平的議會選舉，反對派傾巢而出爭取席位。拉脫維亞人民陣線一開始便議決要用和平方式和議會路線爭取自主，這次選舉就是他們的機會。展版特別提到由於當時的拉脫維亞除了共產黨之外，根本就沒有其他的政黨，所以人民陣線就擔當起協調的角色，確保各異見者在不同選區出選，避免「攬炒」[1]。我在拉脫維亞的時候，正剛好是香港立法會選戰之時。反對派要協調，要讓選票發揮最大的功能，是件很基本的事。我只好說拉脫維亞太幸運，如果他們的議會抗爭要搞三十年的話，恐怕已落入無休止的內部分裂又分裂了。

1 攬炒：香港用語，有鷸蚌相爭，漁人得利的意思。

這兒我要添加一句在博物館看不到，但我在做背景資料搜尋時找到的東西。這次選舉當中也有一些極端的派別認為參與就等於助長政權的合法性，要求杯葛選舉；也有一些第三勢力不肯和人民陣線協調，自己出選；還有一些組織認為凡是做過共產黨員的都不可信，就算退黨參選的也不應該視為同路人等等。這些爭議，其實對任何抗爭運動有認識的人，都能理解是意料中事。不過人民陣線繼續和激進派系協調，最後由他們支持的候選人成功獲得最高蘇維埃兩百零一席當中的一百三十八席。這不單是過半數，而是過三分之二，有修憲權。換言之，他們隨時可以宣佈獨立了。

在最高蘇維埃改選後的首次會議，他們通過了「五月四日宣言」，設立過渡期，準備好要獨立。這時他們面對一個很現實的問題，就是議會已經由反對派所主導，但不見得原有的整個管治機器就準備好要跟著新的領導一起走。例如當時的拉脫維亞警察就面對兩難：他們要聽里加的？還是該聽莫斯科的呢？有些警察是明擺著反對獨立的，就算把內政部長換掉也一樣。這是任何獨立運動都要面對的現實問題，即使是拉脫維亞這種以和平的議會方式爭取獨立的也一樣。貫徹他們的和平理性精神，他們堅持非暴力抗爭，在一

▶▶人民陣線以選舉為抗爭路線，博物館也架設了一個模擬的投票站。

▶拉脫維亞宣佈正式獨立前，民眾在各個路口設置路障防止蘇軍突襲，現在有部分保留下來成為歷史見證。

撐警大聯盟與李偲嫣

「撐警大聯盟」是「七警案」中，支持警方的民間組織，訴求特首特赦七警。

李偲嫣，香港極極右翼激進建制派社運人士，支持梁振英政府，力挺七警。因涉賄選正被廉政公署調查，於二〇一六年的香港立法會選舉敗選。

九九一年一月守路障的日子也一樣，不想給蘇聯動用軍隊的藉口。他們也宣傳要為「零點」（Zero Hour）作準備，即如果蘇聯強行推翻拉脫維亞政府的話，如何可以把非暴力抗爭維持下去。這做法即使在拉脫維亞也是很受爭議的，也有人認為這樣做太軟弱了。

此外，還有一點是博物館沒有說，同樣是我在背景資料中找到的。即使是拉脫維亞和蘇聯的關係最緊張的時候，西方國家對拉脫維亞的支持也很有限，只流於口頭上的支持。大多數的西方國家所關心的，仍然在於戈爾巴喬夫和蘇聯保守派之間的角力。他們為了幫助戈爾巴喬夫可以鬥得過保守派，為了避免擁有核武的蘇聯陷入內亂，寧願對波羅的海人民的民主追求視而不見。這種站在西方自身出發的觀點，在歌頌人權和普世價值的主流論述中不常見，卻是個十分實際的議題。

到了一九九一年三月三日，拉脫維亞舉行了獨立公投。凡十八歲以上的拉脫維亞永久居民都可以參與，而且公投公告列明不論族裔語言和出生地均一率平等，連在蘇軍基地居住的平民都可以去投票。得注意到，當時俄裔人口已佔拉脫維亞人口的三分之一，在里加更佔了近一半。但任何的獨立公投如果不是全面和普遍的，都不能立足於世。儘管俄裔對獨立的支持度遠不如本地人那麼一面倒，還是要讓他們參加。結果在百分之八十七・六的投票率之下，依然有百分之七十四・九支持獨立。

然後呢？和愛沙尼亞一樣，你說是幸運也好，到了八月份，蘇聯的保守派自己倒下來，連帶整個蘇聯一起結束，大家也就自由了。也是要到了這個時候，西方各國才承認波羅的海各國的新政權。

獨立後的拉脫維亞百廢待興，初期的經濟改革帶來不少社會轉型的陣痛。蘇聯設在拉脫維亞的軍工業不能再出口到俄羅斯，卻又沒能力在歐美市場競爭，大批工人失業，但政府又不再如蘇聯時代提供社會保障。原來團結反對派的人民陣線失去了同一目標，本來的成員各自四散成立新的政黨，人民陣線也在選舉失利後隨之而結束。換個好一點的角度，它是完成了歷史任務；一個革命組織如果到了革命成功後還保持強大，可能更為可怕。

Chapter 4

立陶宛

Lithuania

Lietuvos Respublika

立陶宛

首　　都：維爾紐斯
獨　立　日（從俄羅斯帝國）：1918.2.16
宣布獨立日：1990.3.11
正式獨立日：1991.9.6

國 土 面 積：65,200平方公里
總　人　口：2,944,459人
貨　　幣：歐元（€）（EUR）
官 方 語 言：立陶宛語

擋坦克

拉脫維亞的守路障，源於立陶宛的擋坦克。離開拉脫維亞後，我便來到立陶宛的首都維爾紐斯，去看擋坦克的現場。波羅的海三國的獨立史有很多相似的地方，立陶宛反抗運動同樣是隨蘇聯末年的改革開放和言論解禁而起，他們同樣成立他們版本的人民陣線，稱之為「薩尤季斯」（Sajūdis）聯盟。和拉脫維亞的本土共產黨一樣，立陶宛的「土共」也在反抗浪潮當中分裂了。他們自行表決脫離蘇共，開放黨禁，再和反對聯盟結盟，換取他們的支持。結果「薩尤季斯」支持的候選人在一九九〇年的立陶宛最高蘇維埃選舉中一百三十五席贏九十一席。這些選舉數字，坦白說，越看得多就越覺得科幻。當香港已有立法會候選人因政治立場被取消資格，怎麼在蘇聯的管治之下「立陶宛獨立分子」卻可以參選？

立陶宛的反對派是一眾前蘇聯國家當中最進取的。三月十日完成了最後一輪的選舉，三月十一日立陶宛就宣佈脫離蘇聯重新立國，之後整整一年都沒有其他前蘇聯國家有膽量跟隨。與此同時，他們受到的打壓也是最大的。蘇聯擔心骨牌效應，當然會盡力打壓立陶宛的「第一槍」。在立陶宛宣佈要重新立國後，蘇聯的第一招是經濟封鎖，引發當地物資和能源短缺，試圖打擊民眾對獨派政府的信心。經濟封鎖引發了物價飛漲，當地俄裔人口隨即發難，號召攻擊政府設施。到了一九九一年一月，親蘇勢力覺得時機成熟，要聯同莫斯科一起以軍事行動推翻獨派政府。站在立陶宛民選議會的立場來說，這是一場政變。

一九九一年一月十日，戈爾巴喬夫要求立陶宛恢復蘇聯憲法，並表示即將展開軍事行動。十一日，親蘇勢力發出最後通牒，要求政府在下午三時前答應戈爾巴喬夫的要求。時間未到，蘇軍已在全國各地佔領軍事設施。到了下午三時，親莫斯科一派的土共宣佈成立「救國委員會」，自稱是立陶宛唯一的合法政權。當晚通宵，立陶宛議長表示打了三次電話給戈爾巴喬夫，對方都不肯接聽。很明顯，這已經是戰爭狀態了，一月十二日全日傳出蘇軍調動的消息，相信很快就會開到維爾紐斯。一月十三日凌晨一時許，蘇軍開到維爾紐斯市郊的電視塔，也就是擋坦克的現場。

電視塔位於市中心西面約四公里，走路要一個多小時，而我在之前三個國家走路已走得太多，雙腳受不了，得找公共交通工具。我在火車站外看巴士路線圖，見到有輛七號車會經過電視塔，剛好這時候又有輛七號車在我面前出現，我便立即跳了上車。這是一架十分殘舊的無軌電車，應該是蘇聯時代遺留下來的，就好像是二十年前在北京或廣州街頭見到的那些無軌電車一樣，車廂內極其悶熱。

事實上，整個維爾紐斯也有種很破落的氣氛，火車站附近的建築物都很有歷史，但和塔林及里加不一樣，外牆沒有怎麼翻新過，有些還畫滿了塗鴉。還有一點不一樣的，就是這兒的舊城區沒有明顯的範圍，既沒有塔林的城牆，也沒有里加的護城河，整個舊城顯得很分散，去到外圍的時候還感到有點荒涼。

這樣說吧，塔林給我的感覺是一個供遊人週末度假的中世紀古城，里加則是一個正欲重新出發的重要商港，而維爾紐斯卻是一個沒落皇朝的古都。實情是維爾紐斯的確是一個沒落皇朝的古都。和愛沙尼亞及拉脫維亞不一樣，立陶宛有其強盛的歷史。立陶宛大公國本身從十三世紀開始持續了數百年的管治，又與波蘭王國在十六世紀一起組成了波蘭立陶宛聯邦，是當時歐洲面積最大和人口最多的國家，只是後來受列強侵佔而沒落，甚至連作為首都的維爾紐斯也長時期被佔。在維爾紐斯的市中心還有一座立陶宛大公國的皇宮，經翻新後已成為立陶宛的重要景點和國家歷史的象徵。皇宮外還有大教堂和廣場，廣場上有一塊地磚，紀念當年「波羅的海之路」的起點就在這兒。

說遠了。無軌電車穿過舊城區，再穿過河對面的一個貧民區，應該在一個主要路口轉左再走一會兒就到了。這時候，無軌電車拐了個右轉，然後一直往前走。作遊客，最怕就是這樣了。坐地鐵還比較有路線可跟，在一個陌生的城市坐公車則有挑戰性得多，總怕會上錯路線和不懂下車。我想了一會，還是立即在下個站下車好了，最多走路過去。下車後，我再細看那張路線圖，原來無軌電車七號和公車七號是兩條路線來的，我搞錯了。還好電視塔有三百多米高，反正朝著電視塔走就不會錯。在猛烈的陽光下我走了大約二十分鐘，終於來到了維爾紐斯電視塔。

電視塔處於一大片前蘇聯倒模式公房的旁邊，這些公房看上去還有點像去了石硤尾的七層公屋。我穿過幾座樓和旁邊的垃圾站，終於來到電視塔的入口。一走過去就看到一塊紀念碑，上面寫了十四個人名。當晚蘇軍要攻佔電視塔，民眾趕過來用身體去阻擋。在未有互聯網的時代，電視無論對內對

維爾紐斯電視塔。

外都是最重要的信息發佈渠道。什麼革命也好兵變也好，第一個要搶的地方就是電視塔，目的就是壟斷消息傳播。當晚蘇軍以實彈驅散人群，坦克直接就向群眾開過去，一共死了十四名平民，也就是紀念碑上的十四個名字。

在紀念碑的旁邊還架起了數個十字架，悼念烈士之靈。在十字架的旁邊，就是通往電視塔底部的行人隧道。我走到隧道盡頭，看到有電梯可以上塔頂觀光，還有間餐廳可以食自助餐。我不想花這樣的錢，決定只在塔底繞一圈。這兒有個紀念品店，賣的都是磁石和很普通的塑膠玩具。不過在紀念品店的旁邊，我找到一個地方不大的展廳，介紹

電視塔下的小型紀念館中，展出為保護電視塔而犧牲的民眾

一九九一年一月十三日凌晨的慘劇。展廳入口有一塊展板，很簡單的介紹了十三日凌晨所發生的事，然後就是遇難者和當時衝突場面的照片。我看見群眾高舉雙手站在坦克車前面，旁邊有人揮動立陶宛的旗幟（當然是黃綠紅三色旗，不是蘇聯加盟共和國那幅），還有蘇軍拿著步槍和木棒要驅散人群。

從電視塔走出來，在斜陽下再看附近的那些老公房。現在這兒的街道都改為以十四人的名字命名，我一邊走著一邊在想當晚的場面。那時候距離一九八九年六四的北京鎮壓只有一年半左右，他們不可能不知道他們在面對的是什麼。但他們還是走出來了。

▶在事件中犧牲的民衆的出殯儀式。

這段時間所發生的，在立陶宛被稱為「一月事件」。衝突現場還有電信大樓，我也特別跑了一趟，現在大樓外也豎立了許多十字架紀念亡靈。很明顯，無論是蘇軍或是立陶宛的民眾，都明白在一場政變當中，控制消息傳送是至關重要的。據說當時在第二大城市考那斯，有一個小型電視錄影廠忽然接上直播，號召懂得不同語言的人立即前往幫忙把蘇軍的行動公告天下。一小時之內，多名大學教授隨後趕到現場，用多國語言廣播。之後瑞典的電視台接收到信號，立即將之發送全球。

傳媒機關被攻佔後，下一步就是獨派政府的根據地：議會大樓。數以萬計的群眾隨即趕到議會大樓外的廣場架設路障，準備好迎接蘇軍進逼。一開始的路障還有點簡陋，不過很快就送來了建築工地用的混凝土方塊，每件都比一個人還要高。他們就每兩塊疊起來的把議會大樓圍起來，當作是戰爭工事一樣來做。時至今日，立陶宛議會還保留了一小段的混凝土方塊在議會外面，並蓋了個展覽館將之保護起來，讓後世記得這段歷史。展覽館內還有不少當時議會大樓內的照片，其中有一張我特別印象深刻：一個疲倦不堪的中年人拿著步槍，睡在議會大樓內一條樓梯的角落，四周被沙包圍繞著。我想，他們當時真的預計蘇軍會攻進來，而他們也準備好當蘇軍攻進來的時候，他們會戰鬥到每條樓梯的每個轉角為止。

蘇軍沒有攻進來。西方各國的強烈反彈，加上俄羅斯民主運動的興起，讓蘇聯後欄失火。蘇聯當局意圖推卸責任，又堅持蘇軍沒有使用武器。蘇軍的行動變相為立陶宛的獨立運動助燃，在一九九一年二月九日舉行的獨立公投，投票率達百分之八十四・七，支持獨立的佔百分之九十三・二。和拉脫維亞的守路障一樣，雖然蘇聯和立陶宛雙方僵持不下，但在半年之後，蘇聯自己倒下來了，立陶宛成功獨立。

在我離開議會大樓旁的展覽館時，看到門口旁邊掛上一幅烏克蘭國旗，還擺放兩塊燒焦的自製盾牌，以及破損了的頭盔。這些展品都是來自二〇一四年烏克蘭廣場革命。在立陶宛議會旁展出這些物件，感覺就像是一個國家在和另一個國家說：「一齊贏至係贏！」（贏就一起贏！）

游擊隊與自焚者

和愛沙尼亞及拉脫維亞一樣，立陶宛也有他們的佔領博物館，只是他們不叫佔領博物館，而是叫種族滅絕受難者博物館（The Museum of Genocide Victims）。我一開始還以為找錯地方，因為「種族滅絕」是一個十分敏感的說法，例如亞美尼亞種族滅絕就是一個國際政治的大爭議。身處東歐，我的第一反應以為這博物館談的是猶太屠殺，查證之下才確定是說蘇聯佔領立陶宛的歷史。我有一個很主觀的觀察，就是這次行程從北往南走，走得越遠人們對蘇聯或俄羅斯的愛恨情緒就越是激烈。愛沙尼亞的佔領博物館還會說有很多東西未查清，有很多事情不是非黑即白，來到立陶宛卻一槌定音，說是「種族滅絕」了。

博物館建在維爾紐斯的舊KGB大樓。和在里加的那一座一樣，這兒也有設於地牢的監倉開放參觀，同樣包括當年行刑的地下室。監倉中其中一個囚室是這樣設計的：整個囚室的地面凹了下去，只在正中央一平方英尺的空間突出來。原來這是一個用來嚴刑逼供的房間，囚犯就站在中間，然後冬天的時候在凹下去的地方倒冰水。囚犯被關數日，站在中間不能睡覺，只要一鬆懈便會跌入冰水當中，以此消磨對方的意志。這種逼供的方式據稱在史太

囚犯放風的小空間。

林逝世之後已沒有再做，我卻在想銅鑼灣書店五子，他們在中國被關的時候是住在怎麼樣的囚室呢？他們又是在怎樣的壓力下認罪的呢？在這博物館，逼供是過去式。但在世界上的很多地方，仍然是現在進行式。

有一些囚室介紹了當年囚禁在此的政治犯，當中不少是一九四四至一九五六年間對抗蘇聯的游擊隊員和他們的支持者。話說一九四四年蘇聯從納粹德國手上重新奪回波羅的海後，三國人民都組織了游擊隊對抗蘇軍，稱之為「森林兄弟」，希望重演一九一八年抗共立國的勝利。但是他們這次沒有成功，游擊戰打了十年也沒有成果。他們以為只要繼續捱下去，歐美列強和蘇聯開戰，他們就會復國有望。真實的歷史是蘇聯在一九四九年發明了原子彈，東西陣營建立恐怖平衡，「森林兄弟」也就被放棄了。西方列強是信不過的，他們會「大局為重」，而他們的大局當然包括他們自己的利益。

在博物館樓上的展區，就有數個展廳專門介紹「森林兄弟」的事蹟。我花了特別多的時間在這些展廳，想弄明白在共產黨之下搞武裝革命是怎樣的一回事。要打游擊，首要學會隱身。博物館製作了一比一大小的地下洞穴模型，介紹當年的游擊隊員怎樣在森林裡隱藏自己。隱身除了是物理上的隱藏，也包括信息上的隱藏。展覽有介紹到他們當時用來建立秘密通訊的密碼簿，還有見面時用的暗號和要出示的特別戒指或信物。要和共產黨打「超限戰」的話，就得明白面對的是整個國家機器。如何做好保密、內部監控、反滲透，甚至策反的工作，都是性命攸關的基本功，不可兒戲。武裝反抗可不是開玩笑的，博物館外牆上刻有眾多在囚室中被嚴刑逼供至死的「森林兄弟」的名字，都是歷史印記。當然，還有更多的反抗者是直接在鄉間槍斃，棄

銅鑼灣五子

二〇一五年十月，香港一家出售中國禁書的銅鑼灣書店，接連發生員工失蹤，「五子」即指失蹤的這五個人：該店母公司巨流傳媒有限公司的股東桂民海與呂波、業務經理張志平、銅鑼灣書店經營者李波以及店長林榮基。其中數人在香港境外失蹤，直至李波於香港境內失蹤，才引發各界關注，懷疑中共抹煞言論自由並「越境執法」，破壞「一國兩制」精神。

此事又稱作「銅鑼灣事件」，五人失蹤內情一直眾說紛紜，直至二〇一六年六月，獲釋後的林榮基自中國大陸返港，在立法會議員何俊仁陪同下開記者招待會，首次對外公開詳述在大陸被拘留長達八個月的細節。（林榮基的說法亦引發李波反駁，社會上解讀不一。）

超限戰

此概念由中國人民解放軍成員喬良和王湘穗提出，意指有別於傳統戰爭，包含貿易戰、新恐怖主義及生態戰等一切超越傳統手段範圍的新型戰爭形式。

屍村口以儆效尤。

為什麼會出現「森林兄弟」呢？他們大多是二、三十歲的年輕人，成長於波羅的海三國之前短暫的獨立時代。之前一九一八年獨立戰爭中的英雄豪傑，和他們的距離不遠，他們都立志要如同他們的父輩一樣為國家付出。為了鼓勵士氣，他們在晚上會一同唱歌，一同祈禱。他們會寫日記和寫詩紀錄下他們的經歷以及對未來的渴望。他們也會和村民建立好關係，好讓物資能得到必須的補給。不過這也正正是消息容易傳出去的環節，因為總會有些外圍支持者不小心洩露情報，又或者被共產黨收買。而隨著抗爭的時間越來越長，這些自願或被迫變節的人也只會越來越多，地下組織也就被瓦解。游擊戰到了後期，「森林兄弟」已很明顯無法扭轉劣勢。在這場游擊戰當中，估計超過二萬名游擊隊員陣亡。有些戰士就選擇一直藏起來，最後一個現身的竟然要到了一九九五年，也就是立陶宛重新獨立後的第四年，才重投現實社會。

說為抗爭而犧牲，有時我們可以說得很浪漫。我也不敢懷疑這樣說的人，有多少個真的準備好為抗爭而犧牲，時刻猜度別人無助推進運動。但如果有人聲稱準備好為抗爭而犧牲，當打壓真的來到時卻表現得手忙腳亂，政治上始終有點難以服人。作為一名抗爭者，無論是思想上的準備，還是實戰上的準備，都是必須的。

武裝抗爭結束後，非暴力抗爭接手。立陶宛最有名的非暴力抗爭，就要算到聞名世上的十字架山。十字架山位於立陶宛北部的希奧利艾，已有百多年的歷史，一小處的地方豎立了五萬個十字架，蔚為奇觀。和愛沙尼亞與拉脫維亞一樣，立陶宛在歷史上多次被俄羅斯吞併，而這兒的歷史則要算到一七九五年併入帝俄後，在一八三一年和一八六三年兩次失敗的反抗。因為造反者屍首也找不回，家人便在此架起十字架，慢慢成為立陶宛人反抗的象徵。到了立陶宛被蘇聯佔領後，蘇聯當局多次嘗試把這些十字架搬走，卻引來立陶宛人把更多的十字架搬來，這是他們的非暴力抗爭。

很抱歉，我沒有更多關於十字架山的事情可以分享。在我原定去十字架山的那一天早上，因為行程過於勞累而錯過了清晨開出的列車，沒有參訪這個景點。不過聽說有香港人參訪十字架山的時候，留下了祝福香港未來的字句。

休息過後，我到了另一個非暴力抗爭的現場：考那斯音樂劇院外的小廣場。我特意從維爾紐斯坐了一個多小時的火車來到考那斯，是為了向一位自焚者致意。他叫羅瑪斯卡蘭特（Romas Kalanta），生於一九五三年。在一九七二年五月十四日的正午，他在音樂劇院外倒了三公升的汽油在自己身上，然後引火自焚。十四小時後，他在醫院搶救無效身亡。是什麼使得這個十九歲的少年要這樣結束自己的生命呢？他自焚的時候放了一本筆記本在附近，事發後隨即被KGB撿走。要等到再過十八年，立陶宛重新獨立，KGB的檔案獲得公開，我們才知道原來他在筆記本寫了這樣的一句話：「我的死亡只可怪罪於政權」。

但不用看物證，當時大家都很清楚他自焚的目的，數以千計的年輕人走出來連續兩天示威。軍警出動鎮壓，數以百計的示威者被捕。他們很多因為參與這次示威而被迫失學或失業，有的被送去當清道夫或者墳場工人，再不然就消失在精神病院之中。同年，尚有十三人在不同地點自焚而死，但仍沒能撼動蘇聯政權，換來的卻是更嚴格的審查，以及對青少年活動的更大管制。

我來到他自焚的小廣場，現在這兒設立了一個很內斂的紀念碑，就是幾塊像是木雕樣子的石塊，放在草坪的盡頭。如果不是附近有告示牌介紹，還不容易找得到。剛好我來到的這天有個捐血站放在前面，差不多把整個紀念碑都擋起來了。不過我想羅瑪斯泉下有知，大概也不會介意。捐血救人，他想救國。

小廣場位於考那斯的市中心，名為自由大道的林蔭步行街旁邊。在音樂劇院的對面有一個銅像，紀念的是六百年前立陶宛大公國的君主 Vytautas Magnus。銅像原在一九三二年豎立，一九五二年被蘇聯政府拆掉，到了一九九〇年立陶宛才再次重建起來。我猜想，回到羅瑪斯的一九七二年，他在這個廣場上面，可能也知道在他出生之前在此曾有一個大公國君主的銅像。面對蘇聯政權，他是何等的絕望，才會想到以死相挖？台北也有個鄭南榕紀念館，正正是鄭南榕自焚的所在地。我記得那兒的負責人曾和我說：不要追問自焚到底是對還是錯，要問就去問他當年所活的是一個怎麼樣的年代。

猶太屠殺

我去考那斯還有一個目的，就是拜訪兩個和納粹猶太屠殺相關的遺址。我在里加的時候已參觀過他們的猶太人紀念館。提起猶太屠殺，很多人都會想到位於波蘭的集中營和毒氣室，卻較少人留意到有同樣多的猶太人是死於集體槍決之下。在立陶宛和拉脫維亞，就有數以十萬計的猶太人被屠殺，兩地都設有紀念館教育公眾這段歷史。里加的展館設於以前由納粹德軍設立的猶太人聚集區（Ghetto），在考那斯的展館則設於城郊的九號堡壘。

既然有九號堡壘，即是之前尚有八個堡壘。回說第一次世界大戰的時候，這兒是俄軍和德軍交戰的地方，俄軍本來在戰前建造八個磚結構的堡壘，但因為軍事科技的改進，他們又決定要再建造一系列的混凝土堡壘。不過在第一個，也就是九號堡壘建成之後，德軍便已攻佔了考那斯。時間再向前跑到第二次世界大戰，這又成為了蘇軍和德軍的戰場，德軍再次佔領考那斯之後，便把這兒用作系統性處決猶太人的地方。

九號堡壘處於城外，實在有一點難抵達。我從火車站乘搭一小時一班的巴士到城外，再跨過一個高速公路交匯處才到達。因為怕找不到，來之前我還刻意用網上地圖的街景服務熟習路線。要參觀堡壘內部必須要參加博物館

猶太屠殺展覽。

的導覽，但我到達時售票處的大嬸卻用很有限的英語和我說他們的英語導覽員沒空。我正要失望離去之際，一位中年女士走出來，說她就是當值的英語導覽員，和我說她下午有另一個團，問我介不介意很快的跟她走半小時，我當然立即答應。

她出發前拿了一件外套，我一開始還不明白，因為明明當時外面陽光燦爛。原來整個堡壘的主要設施都是建在地底的，各處由地道相連，越深入內部的氣溫就越冷。我很快的跟她走了一圈，她介紹了放炮彈位置和堡壘的設計如何吸震等等。雖然她的英語的口音很重，而且基本上像背稿一樣介紹每個地方，但難得她願意花時間帶我一個人走，我還是十分感謝。

我最感興趣的，是她說到一九四四年被囚猶太人逃跑的故事。回說一九四三年，納粹德軍在庫斯克和史太林格勒的戰役中失利，戰爭優勢開始倒向蘇方。在九號堡壘的德軍知道戰敗的可能，也就開始毀滅證據的工作，希望後世人不會揭發他們的屠殺罪行。為了加緊工作，他們也強迫獄中的猶太人協助處理。這些猶太人很明白完成工作之後自己遲早也會被殺掉，便開始想辦法逃走。他們的做法是每次安排兩個人詐病，帶工具暗地裡在鐵門上開一個小洞。到了聖誕節前夕的晚上，他們就一次過六十多人從這個小洞逃走。

和導覽員道別後，我一個人走到堡壘外的紀念碑。這個紀念碑是前蘇聯豎立的，看起來最少也有四、五層樓高，還是冷戰時代那種粗獷的混凝土風格。在紀念碑前，一塊石碑刻著「五萬名被納粹屠殺的俄國人、猶太人和立陶宛人等長埋於此」。這天的陽光實在很猛烈，但站在這兒還是感到蒼涼。

離開九號堡壘後，我走到考那斯另一端的一個住宅小區。這是個相當不錯的社區，可以算是這兒的九龍塘。我爬了一條很長的樓梯，走上一個風景不錯的小山，目的地是前日本駐立陶宛的領事官邸。這位領事先生的名字，叫杉原千畝[1]。

提起納粹屠殺，很多人都會想起電影《舒特拉[2]的名單》。杉原千畝就是日本版的舒特拉，他以一己之力拯救了六千名的猶太人。回說一九三九年，他被派到考那斯，目的就是監視納粹德軍和蘇軍的去向。隨著納粹德軍佔領波蘭，大批的猶太人向東逃亡，當中不少人來到立陶宛。一天早上，他被門外的聲音吵醒，發現使館外出現了一批要拿簽證的猶太人。事緣這些猶太人知道納粹德軍遲早都會進軍東歐，正想辦法如何逃命。要離開，他們必須先取得證明文件。荷蘭大使發明了一張「古拉索簽證」，聲稱這個當時荷屬的加勒比海小島願意接收他們。但是蘇聯不可能直接前往古拉索，所以他們必先得到第三國的過境簽證才能獲蘇聯當局容許離開。於是乎，他們就來到日本領事的門前求援了。

---

1 〔日〕杉原千畝（一九〇〇—一九八六），日本外交官，第二次世界大戰期間任日本駐立陶宛代領事，大量發出過境簽證給猶太人，拯救超過六千名猶太人，被稱為「日本的辛德勒」。

2 〔德〕舒特拉，Oskar Schindler（一九〇八—一九七四），台灣譯作辛德勒，工業家，納粹德國期間營救大量猶太人免於種族滅絕。

領事官邸現在已變成紀念館，歡迎我進去的職員看見我的樣子，還問我是不是日本人。原來近年杉原千畝的事蹟在日本廣為流傳，還被拍成電影，不少日本遊客慕名而來參觀。館內有張日本地圖，上面插滿了訪客的來源地，整個日本每個道府都有不少人來過。紀念館公開讓人參觀的地方不多，主要就是一個重修了的辦公室，辦公桌後有一大幅的日本國旗，四周放置了和杉原千畝相關的文件紀錄，和當時時代背景的介紹。

話說杉原千畝希望幫助那些猶太人，但向日本上級請示卻不得要領。別忘記，當時日本和德國正組織軸心國同盟，日本政府當然不想節外生枝，為日德同盟製造麻煩。但是杉原千畝雖然是外交官，卻覺得人命關天更為要緊，自行向滯留當地的猶太人簽發日本的過境簽證。因為蘇聯的海參威有船去神戶，這個過境簽證也就有效，這些猶太人就可以離開立陶宛了。

一下了決定，杉原千畝就近乎不眠不休的簽發簽證。那是沒有電腦的年代，每張簽證都要由他親手簽註。當地的猶太人拿到這張離開鬼門關的簽證，再花巨資收買蘇聯官員取得橫越西伯利亞的火車票到海參威。日本方面的官員發現來自立陶宛的簽證大幅增加，便立即發電報去考那斯問過究竟。

杉原千畝回電聲稱這些人都有足夠旅費而且有本地賢達介紹，不用擔心。實際上呢？他為了讓更多的猶太人得到簽證，就算他應日本政府的要求即將調職，在去火車站的路上他仍然在發簽證，最後據稱直接把一堆有他的簽名卻沒有持證人名字的簽證從車上拋出去給追隨的人群，救得一個是一個。

這些猶太人到達神戶後，有些轉到歐美各地，剩下來的則輾轉到達上海租界的猶太人聚集區。對，上海在二次大戰期間是營救猶太人的重要地點，這是另一個故事了。至於杉原千畝自己，在二戰期間則被派到東歐各地，戰後還當了一年半的戰俘。到了一九四六年，輪到他自己坐上西伯利亞鐵路回去日本。因為戰後日本希望脫離二戰陰霾重新出發，戰時的舊人也不能留在政府，他只好出來打工，最潦倒的時候還做過上門推銷員。直到一九六八年，立國後的以色列找上了杉原千畝，世人才知道這驚人的人道奇蹟。

從領事官邸走出來，忽然之間下起傾盆大雨，使得我全身濕透，只好途中在一個紀念二次大戰的公園找了個地方避雨。這次來前蘇聯，主要是想看這些地方的獨立歷程。但是關於猶太屠殺的這一段，我還是花了不少時間去考察，而且覺得很有必要都寫下來。政治乃眾人之事，良好的政治應該是為人民服務的。香港是自由社會，有人要推動甚麼政治議程，無論是獨立、城邦、歸英、一國兩制，還是一國一制都好，我希望推動的人永遠不會忘記這一點：人性的光輝和美麗，應該是我們提出任何議程的起點。

彼岸的自由

維爾紐斯像一個沒落古都，而這其實又有它的好處，就是這兒有很多古舊建築可供重塑再生。這次行程以獨立為題，在走訪過的所有案例中以在維爾紐斯的一個「國家」最為奇妙：城東的一個破舊卻又充滿生命力的藝術社區，對岸共和國。

對岸共和國的獨立過程應該是最和平的，因為它的獨立很大程度上就是一件藝術作品。當地居民在一九九七年四月一日愚人節宣佈對岸共和國的獨立，所以這件事有多認真也隨各位自由解讀。從市政府廣場出發，穿過一堆正被拆卸重建的老房子，來到一個交通路口，我看到前面有一條小河，河的對面就是對岸共和國。

在社區入口的橋樑旁邊，有一塊印有共和國國名的路牌，做得和真的路牌一模一樣。過橋的時候沒有入境官員和海關檢查的，也不用看護照，但這當然不能成為否定它是一個國家的準則。畢竟我從拉脫維亞進入立陶宛的時候，同樣是沒有入境官員和海關檢查的。

這兒的國徽是一隻手掌，總統是個詩人，隨街都有畫廊、藝術家工作坊和咖啡館。在這兒閒逛，我充分感受到這是個由下而上，自我管理的社區。隨意一條後巷小徑，都可以找到漫不經心放在路邊的裝置藝術品；可能是一隻木馬，甚至只是幾塊石頭。公園一角的六角型變電所，被藏傳佛教的經幡所覆蓋，搖身一變成了一個敖包。而就在社區入口的那條橋樑下面，不知為何就掛了一條木造的鞦韆，遊人在上面搖盪時，河水就在腳下流過。我想如果在香港的話，整條河會被鐵絲網封起來，外面會有渠務署的冰冷告示說明「排洪河道切勿進入」，免得出意外時被傳媒狠批。

但藝術區不可能是這樣管的。在北京有七九八之前，香港已經有油街。政府把油街拆掉了，同時北京的七九八又變成了全中國聞名的熱點，各個城市爭相在它們的舊廠房地段複製一個又一個的所謂創意產業園區，香港當然也不例外。但這樣由上而下的推動有多大功用呢？或者叫當權者不要破壞現有的藝術社群已經不錯。唉，活化工廈又要來了。

對岸共和國最讓我喜歡的，是它總共四十一條的「憲法」。這「憲法」刻在反光鋼板，掛在社區中一條小路的牆上，共有二十五種文字的版本，包

對岸共和國總共二十五種文字版本，共四十一條的憲法。

括繁體中文。請容許我把整套「憲法」抄在這兒給大家欣賞：

第一條　每個人都有在維爾紐利河畔生存的權利，而維爾紐利河有流經每個人的權利。

第二條　每個人在冬天都擁有熱水、暖氣和瓦片屋頂的權利。

第三條　每個人都有死亡的權利，但不是義務。

第四條　每個人都有犯錯的權利。

第五條　每個人都有變得獨一無二的權利。

第六條　每個人都有愛的權利。

第七條　每個人都有不被愛的權利，但不是必須的。

第八條　每個人都有不傑出和不聞名的權利。

第九條　每個人都有無所事事的權利。

第十條　每個人都有愛和照顧貓的權利。

第十一條　每個人都有權照顧狗隻直到其中一方死去。

第十二條　每隻狗有權去做狗。

第十三條　每隻貓沒有義務要愛牠的主人，但必須在需要的時候提供幫助。
第十四條　有時候，每個人都有不知道他的職責的權利。
第十五條　每個人有質疑的權利，但不是責任。
第十六條　每個人都有快樂的權利。
第十七條　每個人都有不快樂的權利。
第十八條　每個人有保持沉默的權利。
第十九條　每個人都有信仰的權利。
第二十條　沒有人有暴力的權利。
第二十一條　每個人都有欣賞自己是不重要的權利。
第二十二條　每個人都有對永恆憧憬的權利。
第二十三條　每個人都有權利去了解。
第二十四條　每個人都有權利不去了解任何事情。
第二十五條　每個人都有權利成為任何國籍的人。
第二十六條　每個人都有權利慶祝或不慶祝自己的生日。

第二十七條　每個人都應該記住自己的名字。

第二十八條　每個人都可以分享他們擁有的。

第二十九條　沒有人可以分享他們所沒有的東西。

第　三十　條　每個人都有權利有兄弟、姐妹和父母。

第三十一條　每個人都可以是獨立的。

第三十二條　每個人都要為自己的自由負責。

第三十三條　每個人都有哭的權利。

第三十四條　每個人都有被誤解的權利。

第三十五條　每個人都沒有權利讓另一個人有罪。

第三十六條　每個人都有成為個人的權利。

第三十七條　每個人都有不擁有權利的權利。

第三十八條　每個人都有不害怕的權利。

第三十九條　不要被打敗。

第　四十　條　不要還手。

第四十一條　不要投降。

對岸共和國。

好像好無聊，但想一下，又好像很有意思。這次前蘇聯之旅，近乎每一個到過的國家的獨立歷程都有流血，而每一個國家在獨立後都經歷過嚴重的社會動盪。就以對岸共和國所處的立陶宛為例，獨立初年經濟不穩，新政府又不懂得如何管理金融市場，民眾經歷幾十年的計劃經濟後，對於市場經濟的所有新事物往往都會一窩蜂的去嘗試，引發了多次的金融危機，有人一夜暴富，也有人變得一無所有。我相信所有人都同意，獨立不是一件可以隨便開玩笑的事情。

然而，對岸共和國這個開玩笑的獨立國家，卻為獨立這回事提供了一個很

領展

香港政府於二〇〇四年把公共房屋的商場和停車場分拆上市，稱為領匯，後易名為領展。私有化後的設施按市場邏輯運作，被批評為不顧公共房屋的社會功能。

認真的反思。獨立是為了什麼呢？獨立是一個手段，生活才是目的。是因為活不下去，才會有人願意拋開一切去搞獨立。如果生活方方面面都滿足，誰會去搞獨立呢？鎮壓獨立的當權者好像從不明白，有多少人出來搞獨立，其實是他們自己決定的。哪裡有打壓，哪裡就有抗爭。反過來，也會有搞獨立的人忘記初衷，背叛了昔日為人民服務的承諾，這就是另一個問題了。

世上類似的「獨立國家」還有很多。美國佛羅里達州的Key West出現過「海螺共和國」，宣佈獨立之後再立即宣佈投降，以抗議美國聯邦政府在當地的政策。英國布里斯本有個People's Republic of Stroke Croft，還發行自己的貨幣，旨在抗衡全球資本主義霸權。這樣想下去，我們大可以搞個天水圍共和國來反領展、馬屎埔共和國來反新界東北發展，各種可能數之不盡。

大教堂廣場前，「波羅的海之路」人鏈（參本書頁79）的起點。

Chapter 5

白俄羅斯

Belarus

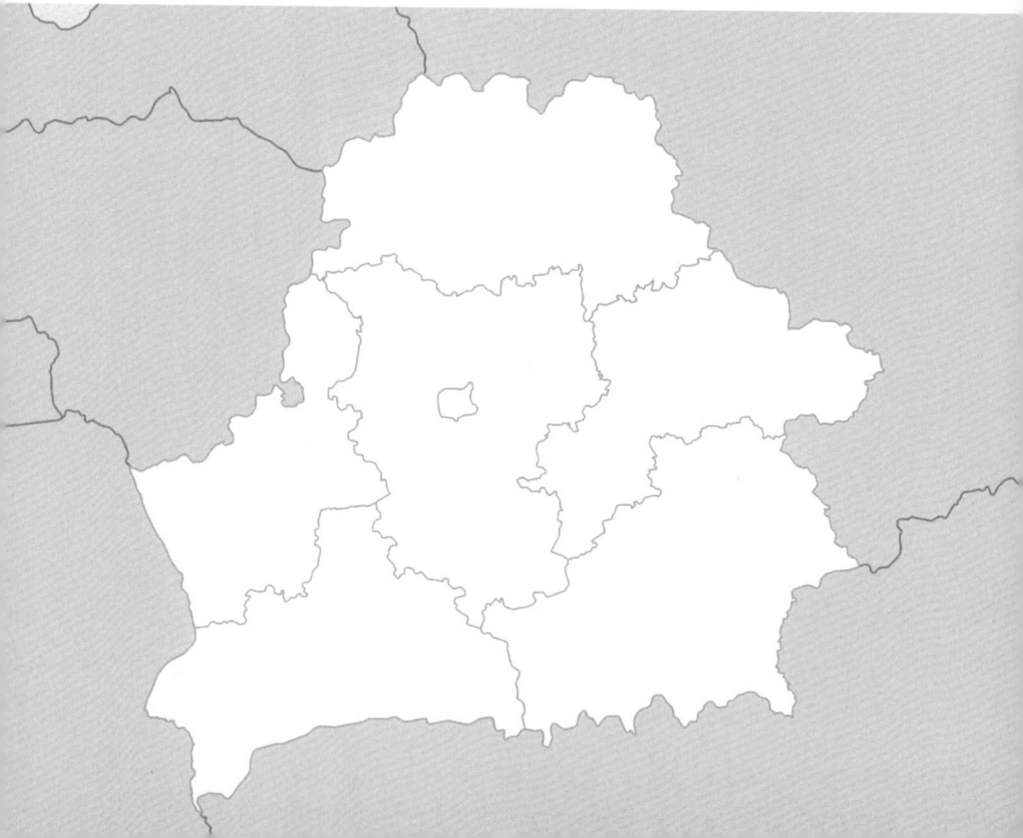

Беларусь

白俄羅斯

首　　都：明斯克
宣告獨立日（自蘇聯）：1990.7.27
正式獨立日：1991.8.25
完全獨立日：1991.12.25

國 土 面 積：207,595平方公里
總　人　口：9,498,700人
貨　　幣：新白俄羅斯盧布（BYN）
官 方 語 言：白俄羅斯語、俄語

不寒而慄

我的白俄羅斯經驗，得從我離開香港出發之前說起。全世界二百多個國家與地區，有一百五十六個是特區護照免簽證的，白俄羅斯卻不是其中之一。事實上，此行所到的八個國家與地區，只有白俄羅斯一個地方要辦簽證。但白俄羅斯不是要針對香港人，而是這國家本來就十分封閉，只給予約二十個國家與地區免簽待遇，而這些國家大多為前蘇聯國家。

申請簽證，也不是到使館填表交錢就可以解決。首先，白俄羅斯在香港沒有使館。再者，他們要求只有獲邀請的人才可以入境。如是者，我得在網上先找白俄羅斯境內的旅行社給我發一封「邀請信」。這封信要收費當然是免不了的，但更麻煩的是這些旅行社都要求要先和他們有「業務往來」才可以發信。幾經波折，我終於找到一家收費相宜，而且只要經他們訂酒店就可以發信的旅行社。只是這酒店必須要以正價預訂，平時在網上的各種優惠都用不上。

說到這兒，我想我和你說白俄羅斯是歐洲大陸最後的一個獨裁國家，你大概也不會意外。處處提防「外國勢力干預本國內政」的心理，就體現在他們的入境政策之上。白俄羅斯在二〇一四年只迎來十三萬多的外國遊客，和法國的八千三百多萬差距達數百倍。去過白俄羅斯旅行，成為專業旅遊達人引以為傲的標記。

我要去白俄羅斯的理由，某程度上也和這地方特別難去有關。波羅的海三國是歷盡艱辛才能脫離前蘇聯獨立的，白俄羅斯卻剛剛相反，本來根本不想獨立。在一九九〇年三月的蘇聯聯邦公投當中，白俄羅斯是投票支持要留在蘇聯的，而波羅的海三國卻直接杯葛了這次投票，自己走去搞獨立公投。要明白獨立是一回怎樣的事，如果只看波羅的海三國而不看白俄羅斯的話，不完整。

我按照網上各旅遊達人的介紹，一大早拿齊文件到白俄羅斯駐立陶宛維爾紐斯的使館拿籌，再到設在對面的一間旅行社辦醫療保險。白俄羅斯要求所有旅客辦醫療保險，同時又不承認外國提供的保險計劃，等於強迫要在指定地方辦理。價錢雖然不貴，但總有點被斂財的感覺。和數十位似乎是去探親的立陶宛人一起在使館外等了一個多小時，終於等到叫號入內。櫃檯小姐完全不會英語，把我轉給另一位其實也只是懂很少英語的工作人員。也許他們真的很少見到有遊客來辦簽證，於是我又等了半個小時讓她請示上級，再來一輪雞同鴨講之後才接受我的辦理。第二天早上我再來取證件，又是在外面等了一個小時，還好進去後問也不問就能取回護照，上面貼上亮麗的白俄羅斯簽證。

到了出發那天，我特別提早到火車站，怕出境要花很長時間，結果離開歐盟的檢查十分便捷，沒多久我便到達國際線的月台。列車是立陶宛鐵路公司新置的，是一架只有兩節的特快列車。歡迎播音設有英語翻譯，但我沒有怎麼在聽，因為它的背景音樂讓我很困擾：竟然是南美秘魯的傳統音樂，這是誰選的？

列車開了半個多小時便到邊界了。第一個提醒我已進入白俄羅斯國境的，不是窗外的風景或標誌，而是由我的手機發出的簡訊。香港人都知道，手機發現連上了另一個國家的發射台，就會立即告知什麼漫遊收費的信息。但此刻在白俄羅斯，這感覺，還是很科幻。

但我很快便回到現實。列車徐徐駛進邊境小鎮的車站，月台上已有一批邊檢人員等著要上車查證件。當中負責入境的官員所穿的是綠色像是軍服一樣的制服，還有墨綠色的軍帽。我開始懷疑專制國家之間是否曾互相協定，大家要用什麼樣式的美學標準，總之就是要給予一種不寒而慄的感覺。

他們上車後就逐位查乘客的護照，其中最高級的一位看見我完全不是本地人的樣子，就先拿我的護照來看。她有七呎高，面很尖，金色頭髮紮起了一個髻，冷漠的眼神讓我覺得她就是好萊塢冷戰電影中的那些蘇聯官僚，我想她在蘇聯時代很可能就是一個政府官僚。大概是未見過特區護照的關係，她拿我的護照翻了又翻。再加上我護照上有美國簽證，隨即變成了辨認防偽特徵的範本。她拿出微型顯微鏡逐頁慢慢研究，好像是每一個防偽特徵也想看一遍似的。

她的英語出奇地好，提醒我在入境表格中漏填了一項。那是一大堆英文和白俄羅斯文之間要刪去不適用處的問題，我實在看不到。但她其實不是負責蓋章的，有另一個入境官員叫她一下便走開了，隨手把我的護照拋給另一個負責蓋章的下屬。這位下屬又拿出微型顯微鏡逐頁慢慢研究，弄得全車的手續都辦好了才肯在我的護照上蓋章。我心想，拿中華民國護照入境的會不會更麻煩？

舊明斯克在二戰時被完全摧毀，今天見到的都是戰後社會主義風格的建築。

同車的大多數乘客都是白俄羅斯人，我是看他們護照封面得知的。白俄羅斯護照和特區護照一樣是深藍色封面的，上面護照一詞是分白俄羅斯文、俄文和英文寫出。我想起來了，之前說過波羅的海三國面對本國語文和俄文之間的爭議，堅持要本國語文在俄文面前站起來，拉脫維亞還因為俄文的地位要搞公投。但白俄羅斯走的卻是相反的路，把俄文並列為官方語文，我看入境官員掛在身上的證件都是白俄羅斯文和俄文並列的。白俄羅斯文和俄文很像，不單都用西里爾字母，就連拼法也十分相似，我看兩者並列有九成字母是一樣的。兩者如此相似，政府卻仍然要把俄文並列為官方語文，也夠親俄的了。

再看看鄰座乘客護照上的國徽，就是中間一個圓形圖案下面再加兩束小麥襯托那種，又是一個停留前蘇聯美學標準的設計。還是不要說別人了，看看自己那本特區護照封面的那個國徽，不也是同一款式的設計麼。坐在我斜對面的是一位白俄羅斯女孩，這是我從她手上的護照得知的。她看起來二十歲左右，我一上車就留意到她，因為她帶了一個黑色鼻環，穿上一件黑色皮革外套，內裹緊身白色上衣，反正就是很反叛的那種樣子。就在過境的時候，她的鼻環不見了。她是因為知道要面對白俄羅斯的入境官員才除掉嗎？但為什麼在立陶宛出境的時候她又沒有理會呢？我在想像，她是不是在立陶宛留學的，今天要回家看父母，得扮乖乖女了。

再過了一個多小時，列車就駛進明斯克總站。下車出來，感覺和在立陶宛也太不一樣了。維爾紐斯是沒落皇都，明斯克就連找一座二次大戰前建成的房子也很困難。戰爭幾乎完全摧毀了這個城市，所以今天見到的建築都是之後重新蓋的，難怪十足蘇聯建築風格。來過白俄羅斯的朋友提醒過我，這兒還有秘密警察監視外國遊客。我環顧四周，還沒有被跟蹤的感覺。不過來到白俄羅斯，無論我在什麼地方都是極少數極少數的東亞臉孔，本來就很顯眼，我也沒辦法分得清留意我的人到底是純粹好奇還是有任務在身了。

最後獨裁

很多時候，獨立和自主會被放在一起，好像獨立了，人民就自然可以當家作主。在白俄羅斯，獨立沒有帶來民主，卻換來了新的獨裁。從立陶宛到白俄羅斯，落差絕對比得上從俄羅斯到愛沙尼亞，只是方向相反：從歐盟成員的民主國度，進入二十年同一個總統的永恆國度。一九九一年後的白俄羅斯走上了一條和其他前蘇聯國家都不一樣的道路：它彷彿停留在那個已經不再存在的前蘇聯當中，繼續以封閉和專制的方式生存。

波羅的海三國的獨立運動，每個都可以寫出一篇波瀾壯闊的史詩式傳奇。白俄羅斯的獨立卻近乎是糊裡糊塗地發生的。波羅的海三國在兩次世界大戰之間都經歷過二十多年作為現代民族國家的歲月，而這歷史對它們日後尋求重新獨立至關重要。白俄羅斯呢？嚴格來說，自白俄羅斯這片土地有人居住開始起計，一直以來都沒有試過以一個獨立政治實體的方式出現過。白俄羅斯的土地一直都是屬於別人的，中世紀時屬於立陶宛大公國，然後又順時序被帝俄、拿破崙、帝俄、德帝國、蘇聯、納粹德國和蘇聯佔領，而每次政權易手都為這片土地帶來沉重的災難。唯一的例外，是一次大戰後短暫出現但沒有真正運作過的白俄羅斯人民共和國，不足一年就被蘇聯吞下。一九九一年的正式獨立，對白俄羅斯來說，是一件從來沒有發生過，也不曾想像過的事情。

波羅的海三國長期拒絕接受蘇聯的管治，長年累月地不停抗爭，然而白俄羅斯人卻很少會把俄國人視之為侵略者和壓迫者。他們也對蘇聯政權不滿，但這不滿和俄羅斯人自己對共產黨的不滿沒有什麼大分別，建立於政權表現甚於反對外來欺壓。說文化，俄羅斯文化早已透徹傳遍整個白俄羅斯，只懂說俄語的人遠遠多於只懂白俄語的人。在這個嚴重欠缺民族認同和求變心的背景之下，白俄羅斯人並不把脫離蘇聯獨立視之為自決之勝利，反而更多的是驚訝和困惑。以此為起點，也就不難理解為何白俄羅斯獨立後沒有走上民主之路，反而連續二十多年接受唯一總統盧卡申科（Alexander Lukashenko）的獨裁統治。

我在酒店安頓下來之後，便決定去拜會一下盧卡申科。當然我不是什麼達官貴人，無法真的見到他，但去他的總統府望一下我想應該不會被抓的。總統府在明斯克最重要的道路獨立大道附近的一個小山上，樓高七、

明斯克的總統府，歐洲最後一個獨裁政權的所在地。

八層，看來就是一個長方形的盒子，上面是一列一列的長方形窗戶，配上粗糙石質的垂直線條，還是那種前蘇聯功能主導的建築風格。我始終覺得前蘇聯的建築師都是被要求要把所有公共建築蓋得冰冷無情的，就是要給人望而生畏的感覺。

在總統府斜對面的街角有個紀念碑，上面放的不是甚麼銅像，而是完完整整的一輛坦克。紀念碑的標記說明坦克來自二次大戰。之前說過，二次大戰在波羅的海是個敏感的題目，波羅的海三國重新獨立後，都重寫了二戰在當地的歷史。白俄羅斯被認為是獨立後最願意保留前蘇聯特質的一個地方，讓一輛二戰坦克留在總統府的附近，本身就是一種政治宣言。

盧卡申科的當選和獨裁統治，現在我們有事後諸葛的條件，或者會比較容易理解。回到蘇聯的最後歲月，其實當地人也有不少理由值得他們去反抗蘇聯統治。例如一九八六年的切爾諾貝爾[1]核電廠爆炸就發生在白俄羅斯和烏克蘭的邊界，而當時的風向把大量的核輻射吹向白俄羅斯。蘇聯初期對事件的隱瞞為白俄羅斯帶來沉重的災難，全國五分之一的耕地受污染，因核輻射而患癌早死的不計其數。兩年後，有歷史學者揭發，在明斯克市郊原來有一個亂葬崗，埋藏了數以萬計史太林年代政治迫害的受難者，對不少曾經盲目崇拜史太林的人來說，無疑天崩地裂，無從接受。之後官方被迫進行調查，證實當地最少埋葬了三萬名的受難者。在一九八八年秋天白俄羅斯版的重陽節時，數以千計的民眾走到墳場悼念，卻被警察以水炮和催淚彈驅散。

但這些事件卻不足以扭轉白俄羅斯人的政治冷感。和波羅的海三國一樣，白俄羅斯的反對派一樣有組織本地版的人民陣線，並且參與最高蘇維埃

震盪療法（休克療法，shock therapy）

一種總體經濟學方案。源自米爾頓・佛利民的「震撼政策」（shock policy），後來被新自由主義群體吸收，美國哈佛大學經濟學教授傑佛瑞・薩克斯將其改作「休克療法」（即震盪療法，shock therapy），指的是由國家主動、無預警的放鬆價格與貨幣管制，減少國家補助，快速推動貿易自由化。當國家面臨經濟危機，產生嚴重通貨膨脹時，使用此方案可在短時間內遏制通膨與資金外流，穩定經濟，通常會搭配

1 切爾諾貝爾，Chernobyl，台灣譯作車諾比，烏克蘭北方城市，切爾諾貝爾核電廠所在地。一九八六年四月二十六日該核電廠發生核子反應爐破裂事故，被視為史上最嚴重的核電事故。

將公有資產大規模私有化的政策，適合原本採用計畫經濟或社會主義的國家。

一九九〇年代蘇聯放棄社會主義試圖轉型時，便是藉由此方案迅整調整為自由市場經濟，其中尤以波蘭最為成功。相較之下，中國大陸則選擇採用「摸著石頭過河」理論，進行漸進式改革。

選舉，不過卻是大敗而回。白俄羅斯的最高蘇維埃也有他們自己的功能組別，不過只佔三百六十席當中的五十席。選舉管理委員會審查了參選者的政治背景，再加上選民本身不太積極投票，結果還是由當地的「土共」佔據大多數的席位。在欠缺有力的政治反抗之下，到了蘇聯土崩瓦解而白俄羅斯不得不獨立的時候，原來的建制派就主導了整個獨立建國的進程。

問題來了：要這些原來的建制派退出共產黨是容易的，但他們一輩子已習慣了作莫斯科的棋子，現在一下子真的要當家作主了，誰也不知道誰該成為新的領導人。再者，在計劃經濟的年代儘管物質短缺，但民眾很清楚政府有責任照顧每一個人的生老病死。現在蘇聯倒台了，計劃經濟應該何去何從呢？是否應該採用「震盪療法」一下子變成市場經濟呢？有些人已經等不及了，開始利用不明確的政局大賺特賺，一時貪污盛行。這時候，年僅四十歲的國會反貪委員長盧卡申科，看起來就很像是一個年輕有為，可以帶領國家走出困局的理想選擇。他一方面沒有反對派那樣歇斯底里的要推動白俄羅斯民族復興，從而沒有嚇怕境內大量的俄裔人口。他也沒有介入傳統建制派內的明爭暗鬥，以不群不黨「唔玩政治」的形象參政，對本來就政治冷感的選民來說十分吸引。在一九九四年白俄羅斯第一次也是唯一一次的民主總統選舉當中，盧卡申科以八成一的選票極大比數地當選。

盧卡申科的當選是有受到質疑的。就在投票前數天，盧卡申科聲稱他的座駕受槍手伏擊，他的支持者隨即大事宣傳他如何死裡逃生，鼓動選民投他一票不要讓惡人得逞。進一步的調查卻發現子彈洞的形態和支持者對現場環境的說法並不吻合，子彈似乎是從車內射出車外，而不是車外射進車內的。

這不是最後一次盧卡申科被質疑自製受襲，更嚴重的指控在最近才發生。我離開總統府後走下小山，回到獨立大道之上，剛好就是十月廣場的所在地。十月廣場有點像個袖珍版的天安門廣場，旁邊也有一整排很有氣勢的白俄羅斯國旗，可見這兒的實際功能和天安門也差不多，都是用來顯示國家威嚴的地方。在十月廣場的地底是一個地鐵站，也是白俄羅斯至今發生最血腥襲擊的地方。在二〇一一年的四月，這兒發生了一場血腥的炸彈襲擊，造成十四人死亡並超過兩百人受傷。

爆炸案發生後，可想像大家都會問同一個問題：這是誰幹的？但這問題在白俄羅斯特別難回答。白俄羅斯不像俄羅斯或北愛爾蘭，並不受長年累月的暴力分離主義挑戰。白俄羅斯也不像美國，沒有四處派兵樹敵招惹麻煩。就在大家都想不到有誰會想在明斯克的正中心犯案的時候，警察只用了兩天便成功破案，還聲稱疑犯自認是早前另外兩宗襲擊的主謀。

我在十月廣場地鐵站繞了一圈，現在已找不到當年爆炸的痕跡。地鐵站的設計和其他蘇聯城市一樣，都裝飾得如地下皇宮一樣，牆上的鐮刀與鐵錘的浮雕也繼續見證這兒曾經是蘇聯的一部分。十月廣場是明斯克地鐵兩條線路唯一的一個轉車站，炸彈在一個上班日的下班繁忙時間爆炸，我站在月台的正中央，無法理解為何會有人做出這樣的攻擊。

民間流傳爆炸案是政府用來轉移視線和引發愛國情緒的把戲，政府當然疾口否認，並大力警告外國政府不要干預本國內政。的而且確，在爆炸案同一時間，白俄羅斯正經歷一場被認為是政府長期失當所導致的經濟危機。白俄羅斯在獨立後沒有實施有效的市場改革，絕大部分國民仍然在國有企業工作，經濟發展往往要靠政府開支強行撐起來。但平民百姓也不笨，眼見物價天天上漲貨幣天天貶值，也就蜂擁把本國貨幣兌換成歐元或美元，進一步加劇金融危機。

白俄羅斯經濟不穩，在我剛到達的時候便已感受得到。當地正處於發行新盧布的過渡期，一個新盧布等於一萬舊盧布。他們沒辦法不這樣做，因為舊盧布已經嚴重貶值，我在許多餐廳結帳時發現他們還是用舊盧布計算，一頓飯下來已經數十萬，嚇得我忽然覺得自己像是一個土豪，雖然折換為港元只不過是百多元罷了。這種大額交易已在日常生活帶來麻煩，政府只好一次把最後的四個零刪掉算數。這次新幣換舊幣已不是第一次發生，在二〇〇〇年也曾實施，當時是把最後的三個零拿走。換言之，今天第三版的一盧布，等同於一九九二年第一版的一千萬倍。

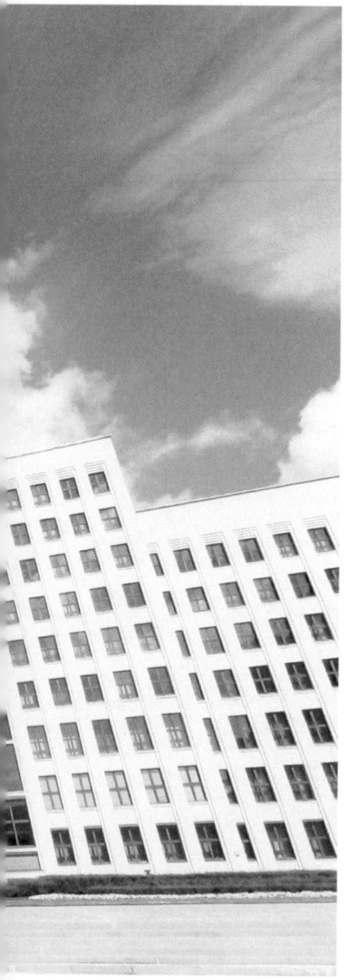

獨立廣場，原名列寧廣場。列寧還在。

這樣的經濟表現，按道理說政府應該早早下台了吧。但盧卡申科就是做了超過二十年。他在一九九四年首次選上之後，便藉著超人氣提出修憲，給予自己近乎獨裁統治的權力。之後每一次競選連任，他都以極大比數勝出。當然，當你的選民絕大多數都是你的僱員，而你又已禁止了所有的反對活動時，大勝是必然的事。你可以笑白俄羅斯人是「白俄豬」，但誰敢保證香港不會有天走上同一條路？獨立和民主，前者不一定會帶來後者。特別是當那些獨立英雄本身都不喜歡講政治倫理的時候，他們帶來的獨立可以比原來的專制更可怕。

我從十月廣場經獨立大道走到獨立廣場。這是新名字，本來是列寧廣場，附近的地鐵站還是這樣叫。廣場中心果然有一座巨大的列寧像，而列寧像後面就是政府總部的所在地。這個廣場比十月廣場要大好幾倍，只有一個守衛有點可憐地，獨自在烈日當頭下的列寧像附近巡邏。

這兒也是白俄羅斯反對派集會的地方。自從一九九四年以來，反對派一直都有在這兒辦抗議活動，有反對修憲的，有反對親俄政策的，也有反

牛仔布革命

又稱「牛仔革命」、「牛仔褲革命」，發生在白俄羅斯的顏色革命（顏色革命：二十世紀末至二十一世紀初，發生於中亞、東歐一系列和平轉移政權的政治運動）。

二〇〇六年三月，盧卡申科在總統選舉中獲得壓倒性勝利，連任成功，反對派則拒絕承認選舉結果，要求重新選舉，發起反政府活動。他們將靛青的牛仔服顏色定為「牛仔革命」的標記，聲稱牛仔服色非常普遍且老少咸宜，希望這場顛覆政權的運動能得到更多群眾支持，四處發放文宣，但最後未獲成功。

對選舉舞弊的，特別是二〇〇六年選舉後的「牛仔布革命」，和二〇一一年的示威活動。這些活動，坦白說，對盧卡申科構成的壓力十分有限。白俄羅斯的反對派實在不好當，二〇一一年的示威活動正正源自於二〇一〇年的總統大選。反對派候選人選舉當晚在明斯克舉行集會，警察到場攻擊示威者，候選人受傷送院途中卻被截停再強行送到白俄羅斯情報機構（還是叫KGB，獨立後連名字也懶得改）審問，最後因「煽動暴亂」而被判監四年。說起KGB，它的總部大樓就設在獨立大道上，十月廣場和列寧廣場中間。換作是香港，這大概就等如旺角滙豐銀行大樓之類的位置。情報機構可以如此大模大樣的放在明斯克的正中心，那些什麼反對派內部分裂互相攻擊的故事，我也不忍心再和各位分享了。

國內反抗不了，國外聲援的人還有不少，白俄羅斯自由劇場就是一個從國內反抗轉戰到國外的例子。國外的聲援者也會想辦法把他們的支持傳回國內。其中近年最有趣的反抗運動，要數二〇一二年的「啤啤熊空投行動」。有示威者在立陶宛買了一架小型飛機，在沒有預先通報之下飛入白俄羅斯領空，一路長驅直入，直到接近明斯克才被發現。他們在明斯克附近的一個小鎮投下八百個帶有支持言論自由字句的啤啤熊公仔，再安全返回立陶宛，氣得盧卡申科暴跳如雷。為什麼是啤啤熊？因為白俄羅斯本地的示威者曾經帶啤啤熊去示威，卻被警察沒收公仔。我在想要不要考個小型飛機執照，再在ＩＫＥＡ預訂一千幾百個路姆西，以備不時之需。

我看著列寧像背後的政府總部大樓，我明白單靠城市知識份子的叫罵是罵不倒一個獨裁者的。那麼民主要到何時才能來到白俄羅斯呢？或者要等到盧卡申科歸西的一天？這太樂觀了。盧卡申科在二〇〇四年和情婦生了個私生子，其子已十幾歲，經常隨同盧卡申科四處外訪，見過普京，在聯合國總部和奧巴馬夫婦合照，是成為下一位「金正恩」的熱門人選呢。

路姆西
（瑞典文「Lufsig」）

一隻由ＩＫＥＡ生產的毛公仔，其譯名諧音為粵語的髒話，其豺狼造型亦被香港人比附為當時的香港特首梁振英，因此二〇一三年十二月，香港社民連成員曾浚瑛及陳德章以「路姆西」丟擲梁振英，用以示威，「路姆西」因而一夕成名，成為「反梁」象徵，甚至引發搶購。

平行時空

在我到達白俄羅斯之前，很多人都和我說這地方沒有什麼旅遊景點，要看教堂看皇宮的話，東歐有很多更好的選擇，唯一的特色就是它是一個停留在蘇聯解體前夕的平行時空，即使在俄羅斯也不能看到這樣原廠出品的蘇聯景觀。抵達後，卻發覺這說法到了今天要有不少的修正。最起碼，我在明斯克就遇到兩間麥當勞和一間漢堡王。蘇聯是不應該有麥當勞和漢堡王的。

在漢堡王的對面，還有一間我認為是全世界最奇幻的肯德基。這店家內裡和地球上任何一家肯德基都一樣，賣的都是炸雞。它奇幻的地方，在於店面之上是一塊社會主義寫實主義的巨型浮雕，就是那些歌頌革命社會主義與工人階級的藝術作品。這巨型浮雕和下面的ＫＦＣ三個大字，形成極為強烈的對比。我很謹慎地在網上查過，確定浮雕建成的日期肯定比肯德基開設的時間要早。這裡位處一個繁忙路口，肯德基要在這兒開店十分合理，只是我很有興趣肯德基的主管人員如何看待如此的並列。

我記得在聖彼得堡的國立政治歷史博物館，展覽提到前蘇聯要拉起鐵幕，是為了防止民眾知道外面的世界有多好，轉而發現蘇聯政體的不足。例如二戰時士兵從歐洲帶著他們看見中歐物產豐富的見聞回來，就為蘇聯的管

我查過，肯定肯德基開業之前，上方的浮雕就已存在。

治帶來不少麻煩。還有一九五七年在莫斯科舉行的世界青年與學生聯歡節，以及赫魯曉夫和尼克遜在一九五九年的「廚房辯論」，在蘇聯歷史中也有其位置。但是今天的專制政權卻好像完全不害怕讓國民接觸到外面的世界似的。有說專制政權已經進化了，學會了用其他方法麻醉國民，不用只靠高壓管治。我看著浮雕下的肯德基，幻想著盧卡中科化身陳奕迅高唱：「你說我是獨裁嗎？開間KFC也不怕！」

從肯德基的路口出發，沿河畔公園走大約二十分鐘，就會到達偉大衛國戰爭博物館。在這兒，我看到真真正正的平行時空。博物館建築中央有一座紀念碑，一條石柱拔地而起，看起來和在里加的那座二戰紀念碑還有點像，雖然更有可能的是蘇聯的戰爭紀念碑其實來來去去都是同一種風格。參觀博物館前要先拾級而上，再從紀念碑往下走才到正式的入口，讓我感到好像是在朝聖。畢竟我已走了二十分鐘才來到這兒，還要再爬這段樓梯，實在有點考驗耐力。正當我在樓梯上受不住要稍微歇一歇的時候，我看到一個奇景：我在博物館的圓頂上看見一支蘇聯國旗迎風飄揚。這次行程我走了七個前蘇聯國家，這是唯一一個會公開懸掛蘇聯國旗的地方。既然要紀念偉大衛國戰爭，保衛的是什麼國家當然不應含糊：是蘇聯嘛，就掛蘇聯的鐮刀鐵錘旗。

但當我一踏進博物館的入口，我這個粗淺的想法又被狠狠的打倒了。在售票處的對面，有一台大型的電視螢幕正循環播放白俄羅斯的閱兵儀式，畫面上不斷見到白俄羅斯的國旗在飄揚，盧卡申科笑容可

廚房辯論

一九五九年七月，在莫斯科舉行的美國國家展覽會開幕式上，美國副總統尼克遜和蘇聯部長會議主席赫魯曉夫，展開一場關於東西方意識形態和核戰爭的論戰。該展覽布置了大量現代自動化的休閒娛樂設備，顯示在資本主義制度下美國市場經濟的繁榮。

爭論發生在其中一座美式別墅的廚房，兩人在參觀中辯論資本主義經濟體系和共產主義（社會主義）經濟制度之優劣。然而之所以稱作「廚房辯論」不僅因為發生在廚房，更因為尼克遜將焦點轉移到洗衣機之類的家用電器，而非軍用武器，從中宣傳了美國的和平信念，反襯出蘇聯在日常科技的明顯劣勢。多數美國民眾認為尼克遜的表現較佳，他也因此取得在美國的威信。

▶偉大衛國戰爭博物館，全程唯一一個見到蘇聯國旗飄揚的地方。

掬的和一眾身上掛滿勳章的老兵並肩而行。我看了一回，心想：關你甚麼事？要利用七十年前的戰爭來為一個只有二十多年歷史的國家辦愛國主義教育，應該不可能這樣生硬的放在一起就算了，總要一點解釋吧？

走完整個博物館，我找不到我要的解釋。當然，這個博物館對二次大戰的態度和愛沙尼亞國立歷史博物館的「城堡和走卒」特別展是完全兩回事。這兒先說一點歷史，在二次大戰之前，白俄羅斯的西部屬於波蘭，東部則屬於蘇聯。德蘇密約除了讓蘇聯吞併了波羅的海三國外，也把白俄羅斯西部劃給了蘇聯。這段歷史在偉大衛國戰爭博物館是怎樣被描述的呢？這部分展廳的標題寫著「白俄羅斯的統一及波羅的海國家加入蘇聯」，完完全全的蘇聯視角。我在波羅的海聽過有關史太林準備戰爭不力的指控，這兒當然完全沒有提及。我知道，二次大戰對白俄羅斯來說是極為慘痛的一段歷史，而作惡者並不限於納粹德軍，被蘇聯情報機構殺害的不計其數。這些背景，在這個博物館同樣是消失的歷史。

相反的，是一場又一場勝仗的介紹，還有一個有一個戰爭英雄的生平事

蹟，還有他們拿過有列寧頭像的獎章。但勝仗也要分地域。博物館對紅軍在東歐戰場上的勝利大書特書，就是沒有提及重佔波羅的海這一段。我想，前面談德蘇密約的時候已經得罪了所有波羅的海國家了，還要避諱些什麼？到了終戰一段，我終於找到一小格的史太林、羅斯福和邱吉爾的合照，見證二次大戰打德國的不只是蘇聯有份。相對來說，年初我到訪新奧爾良的美國國立二戰博物館的時候，人家就把三人連同蔣介石的照片每幅放大成三米高，並列於入口處。

來到博物館的頂樓，也就是刻滿為國捐軀烈士名字的禮堂。陽光經由玻璃

▶紀念大廳要歌頌的到底是上面的蘇聯國旗，還是下面的白俄羅斯國旗？

圓頂照進來，為禮堂添上莊嚴的氣氛。但看著禮堂正中央的白俄羅斯國旗，和上面電視螢幕上用電腦動畫虛擬隨風飄舞的蘇聯國旗，我心中還是忍不住拋出一句：你到底想怎樣？

離開博物館後，我回到酒店稍作休息。在明斯克最後一夜，晚飯我沒有吃肯德基，還去了旅遊網站推介全明斯克最好的那間餐廳吃飯，嘗試一下這兒的中上層是如何生活。這兒的服務生都打領結，英文都說得極好，招呼十分勤懇，上菜時會問你要不要加胡椒，加完還說句Bon appetite。更別說這兒餐單的英文都寫得很清楚，裝修典雅華麗，連洗手間都刷得一塵不染。在這兒吃飯比其他地方是貴一點，但一個主菜算起來只是港幣一百元左右，對一個香港旅客來說十分超值。如果我真的要做一隻「白俄豬」，在與既得利益相關的行業打工，過舒適安穩的中上層生活，我是否也可以以為政治與我無關？或者，全世界的離地中產其實都是這樣的。我的左翼社會科學訓練再次意圖提醒我，無論在任何國家，階級之別才是真正的平行時空。

Chapter 6

烏克蘭

Ukraine

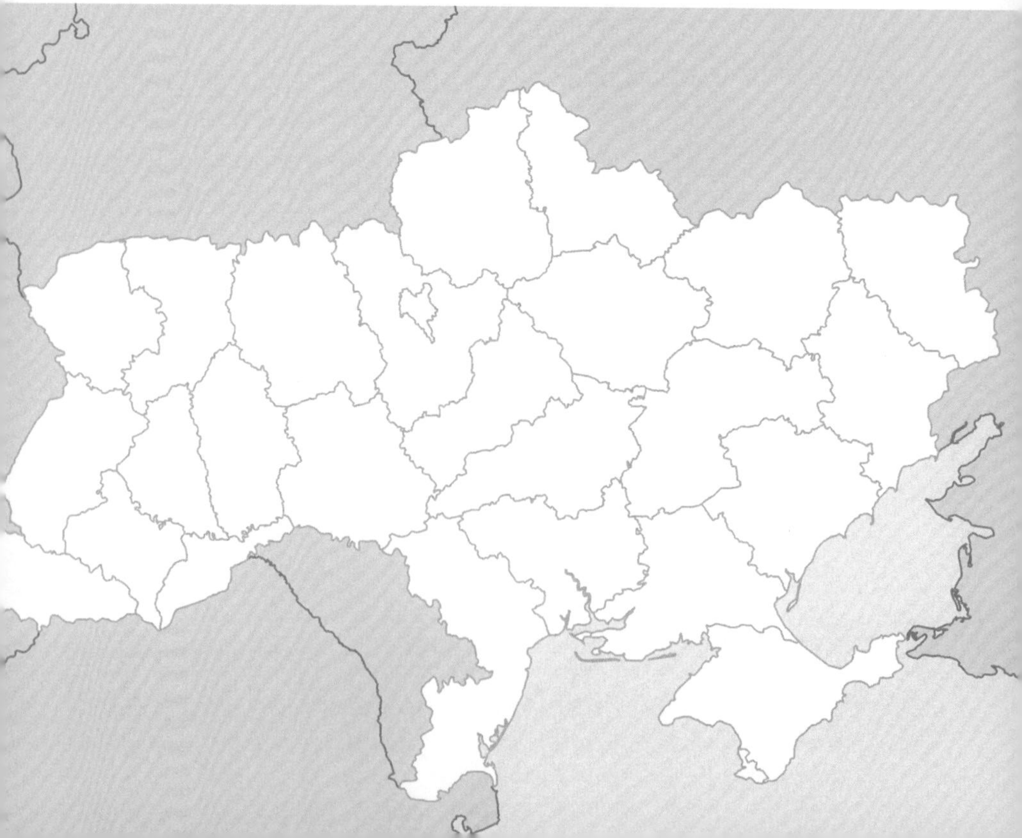

Україна

烏克蘭

首　　都：基輔
獨 立 日（自蘇聯）：1991.8.24

國土面積：603,700平方公里
總 人 口：42,854,106人
貨　　幣：格里夫納（UAH）
官方語言：烏克蘭語

貪污博物館

來到行程的後半段，為了節省時間，我主要靠搭乘飛機來往各地。從明斯克飛到基輔只要一個小時左右，下機後我汲取了在聖彼得堡的經驗，決定不理會所有在入境大堂搭訕的司機，直接走去機場外數十米的巴士站等無軌電車。上車後先向車上的大媽買票，然後把票放在扶手上的一個小機器上打個印就可以了。烏克蘭已是我造訪前蘇聯的第六個國家，我發現這些生活小常識都是各地共通的。

烏克蘭的物價十分便宜，巴士票價只要三格里夫納，等於港幣九毫。我在烏克蘭的數天基本上沒有怎樣花錢，因為即使住在市中心的星級酒店，也不過一晚港幣一百多元，遠比其他城市便宜。後來我才知道，這完全是匯率問題。二〇一六年七月的匯率是一美元兌二十五格里夫納，但在二〇一四年底的時候其實是十五格里夫納。再之前呢？從二〇一〇年初到二〇一三年底，匯率都維持在一美元兌八格里夫納。這貶值的速度對於我這個遊客來說是好消息，但我很明白對當地人來說絕對不是好事。沒想到剛下飛機，已感受到近年政治亂局帶來的困難。

無軌電車要經過一大片的老房子才到市中心，車外見到的都是六、七十歲的老婆婆，完全破壞了主流社會給我的「烏克蘭都是美女」的想像。還好，我知道到了市中心，我便會和一個真正的烏克蘭女孩見面。她叫V，是個烏克蘭的抗爭者。這次和她見面，是要請她帶我到城外的貪污博物館：Mezhyhirya Residence。

這兒先說點背景資料。烏克蘭在二〇一三到一四年爆發了廣場革命（Maidan Revolution），趕走了當時的總統亞努科維奇。在他逃到俄羅斯之後，人們才有機會走到他在市郊的居所一探究竟。走進去一看，不得了，這大宅的奢華程度絕對令人咋舌。如是者，這地方今天便變成了一座「貪污博物館」，讓大家知道被趕走的前總統是如何浪費民脂民膏來供養他自己的帝王生活。

V很年輕，一頭金色長髮，加上一對藍眼睛，就是典型想像中東歐女孩的樣子。我登上她開的車，很快便駛離了市中心，向「貪污博物館」進發。在路上她已和我細數廣場革命前後的各種改變。我們經過一條已停工的大橋，她說這條橋本身就是貪污罪證，當年好像是永遠在花錢永遠建不完的樣子，現在新政府上台便直接停工。她又說近兩年她親身體驗到烏克蘭的改變。因為她開車，她特別記得以前見到警察都沒有好事發生，肯定是要拿錢的。現在卻都改過來了，有問題就開罰單，然後去法庭交罰款，沒有收黑錢的機會。她說早陣子政府換了一批新訓練的警察，決意要革新警察的形象。

車開了四十分鐘左右，我們便來到了大宅莊園的大門。說這兒是博物館，其實有點不準確。這個地方嚴格來說仍不屬於國家，而是由亞努科維奇開設的空殼公司所擁有。V的說法是，本來亞努科維奇的官邸是在附近的一間小屋，他看中了這片土地後，便暗地裡把它從國家手上轉到空殼公司名下，然後瞞著所有人大興土木建設他的私家宮殿，就連負責建築工程的人員也不知道原來是總統的物業，還以為是為一個不知名的爆發戶興建的。到了亞努科維奇逃跑之後，抗爭者便把這兒佔據起來，還在門口收入場費。政府不只不管，還派軍警到門口幫忙維持秩序。我問V為什麼政府不直接經司法程序將此處充公，她說她相信是可以的，應該只是還有前朝遺臣從中作梗才沒有做到，說不定還在等有朝一日亞努科維奇要重回烏克蘭執政呢。

V付了門票之後，迎接我們的是一整排的高爾夫球車。原來這個莊園太大了，走路不可能走完，只好乘高爾夫球車參觀，但是開車繞一圈也要十五分鐘。我們要了一輛車，V在車上介紹兩邊的景物：這兒有自己的遊艇碼頭，自己的動物園，自己的高爾夫球場，自己的名車車庫……我實在無法理解為什麼有人會有這麼多的物慾。這根本是聖彼得堡沙俄皇宮的那種規模了，亞努科維奇是要否本來打算要稱帝的？最起碼，他應該是以為自己可以做一輩子總統的，不然怎可能有膽量這樣貪得無厭，不怕有天被人民算賬。我不停的向V恭喜烏克蘭人成功趕走了亞努科維奇，不然到他變成如白俄羅斯的盧卡申科一樣的時候也就再也擋不住了。V說她猜盧卡申科和普京也有這樣的宮殿，我看她一臉自豪，心裡卻想著中國還有幾多個貪官有幾多座這樣的大宅。

當我們在莊園中穿梭的時候，還看見一對又一對的情侶在拍婚紗照。我想也對，這個地方弄得如御花園一樣，是應該用來拍婚紗照的。V說她本來要帶她老爸來參觀，但他卻拒絕了，說是不想親眼看見自己交的稅是如何被浪費掉，怕會氣得發瘋。

我們走了一整圈，我已經嚇得有點受不了，但好戲還沒開始。大宅本身，才是窮奢極侈的中心。一般來莊園參觀的遊客是不可以進室內參觀的，

前總統亞努科維奇的大宅，現在變成了「貪污博物館」。

但因為V認識那些現在已住進莊園的抗爭者，知道他們每天可以安排一些人進去，便替我們留了位置。V對此其實有點不以為然。她說她不認為拿著「守護革命成果」的招牌就什麼都可以做，最起碼他們應該公開莊園現在的管理帳目，以免落人口實。

我們在一座白色建築外等了一會，負責人便出來開門讓我們進去。這建築可以理解為莊園的「會所」，是平時亞努科維奇招待朋友的地方。我們進去後看到的第一個大廳就有四條保齡球道，再前面就是一個室內網球場，V說亞努科維奇從來不用，只是擺出來的。再往前走，經過一間放置了一頭獅子標本的

據稱價值八百萬歐羅的水晶燈。

溫室後，我們來到一整列房間，裡面放滿各種名貴水療美容設備。再經過一個設有擂台的健身室，我們走進一條通往莊園大宅的地道。我想，天啊，剛才看的原來只是前菜？

來到大宅，負責人介紹的第一個房間是地下室的機器房。原來亞努科維奇想住大屋，但又不希望太多侍從打擾他的生活，便在設計時預先安排抽風管道連到地下室，然後由一台醫院用的裝置來防菌除塵，這樣大宅就不用太多人打掃了。V帶我走遍這座大宅，只能說每個大廳和房間都浮誇得使我目瞪口呆：私人影院、鍍金水晶電梯，還有大宅中央旋轉樓梯環繞的水晶燈，據說價值達八百萬歐元。在大宅的中庭有一台Steinway & Sons的限量版Imagine白色三角鋼琴，就是約翰・連儂[1]創作同名名曲那一台的複製品。約翰・連儂的這首歌講的是世界大同的理想國度，這鋼琴今天卻成為見證前總統瘋狂貪污的罪證。這時同行的一位十二、三歲的小伙子原來懂得彈鋼琴，負責人就叫他過去試一下。他想想這輩子大概不會再有機會可以彈Steinway & Sons的限量版鋼琴，也就立即坐下彈奏一曲……

Imagine no possessions
I wonder if you can
No need for greed or hunger
A brotherhood of man
Imagine all the people
Sharing all the world

1 〔英〕約翰・連儂，John Lennon（一九四〇－一九八〇），台灣譯作約翰・藍儂，著名歌手和詞曲作者，樂團披頭四（The Beatles）的創始成員。

廣場革命

我們從Mezhyhirya Residence出來，V開車帶我們回到市中心現場，跟我說她親身經歷的廣場革命。這兒得先說遠一點的歷史。在烏克蘭作為一個整體的想法尚未出現前，烏克蘭的西面屬於波蘭立陶宛聯邦，東面則屬於沙俄。這個東西之分，自過去數百年來一直延續至今，無論是蘇聯時代還是獨立之後都不曾改變。看語言，西烏克蘭的母語主要是烏克蘭語，東烏克蘭則有較多人以俄語為母語。看政治，烏克蘭獨立至今的各次選舉當中，仍常見親歐候選人得到西烏克蘭的大多數選票，親俄候選人則得到東烏克蘭的大多數選票。烏克蘭本身欠缺民主政治的傳統，獨立以來一直舉步維艱，國家元首、內閣政府和國會三者之間不停透過修憲彼此較量，政局無法穩定下來。基輔市中心的獨立廣場，見證了一次又一次的政治動盪。

前文提到被趕走的亞努科維奇是烏克蘭的政壇老手，二〇〇二年獲任總理。到了二〇〇四年的總統大選，就是親俄的亞努科維奇和當時代表反對派的尤申科（Viktor Yushchenko）對決。首輪投票當中兩人分別獲得一千一百萬票，遠遠拋離後面的對手，但均未過半數，繼而一同晉身決選。儘管票站調查顯示尤申科勝出，政府宣稱決選結果是亞努科維奇得勝，國際觀察組織隨即表示選舉舞弊嚴重，不能接受結果。亞努科維奇在東烏克蘭俄語裔地區得票較多是意料中事，但不少地方的投票率卻遠遠高於首輪投票，有些地方更出現選票多於選民數目的現象，明顯有人造假。

選舉後隔日，五十萬人來到獨立廣場集會。他們拉起尤申科競選時所用的橙色旗幟，抗議選舉舞弊，橙色革命（Orange Revolution）也就在一片旗海中誕生。尤申科拒絕接受官方結果，還在不足法定人數的國會中象徵性地宣誓就職總統，以示自己才是真正的勝出者。兩派對峙了十日左右，最終由最高法院打破僵局，宣告決選結果因選舉舞弊而失效，擇日重選。與此同時，國會通過修改憲法，限制總統權力。橙色革命和平結束，尤申科在國際監察下公正進行的重選當中勝出，正式成為總統。

尤申科這個總統並不好過。他自己在選舉期間患上重病，後來證實身體內有正常人六千倍的二噁英，有人懷疑他是被俄羅斯特務下毒。他雖然保住了性命，而且勝出選舉，卻因為經濟政策失當而大失民心。到了二〇一〇年的總統大選，在國際觀察人員普遍認為公平的情況下，亞努科維奇勝出成為總統。

亞努科維奇當選後，第一件事就是以技術理由要求憲法法院廢除二〇〇四年限制總統權力的修憲案，藉此增加自己的權力。他又詆毀橙色革命，視為國家亂局的元凶，使當年的反抗者感到革命成果被一筆勾銷。他更推動各種親俄政策，提高俄語的法定地位，使得親歐陣營十分緊張，擔心他們「脫俄入歐」的理想會被亞努科維奇所斷送。在二〇一二年的國會選舉中，執政黨勝出，反對黨的議席大幅減少，但國際社會卻提出警告，認為這次選舉過程出現不公，烏克蘭有重回選舉舞弊舊路的傾向。

來到二〇一三年十一月，亞努科維奇本來要和歐盟簽署聯合協議，但他卻臨時變卦，不單不肯簽約，還反過來要和俄羅斯另立新約。數千人隨即湧到獨立廣場集會，商討對策。到了十一月三十日凌晨四時，特種部隊出動，到場攻擊，意圖驅散群眾，數十人受傷。受政府控制的傳媒沒有報導這項消息，但現場用手機拍下來的影片隨即在社交網站流傳。第二天，數十萬人湧到獨立廣場集會，此後是一百萬人，廣場革命也就誕生了。

我和V站在廣場的正中央，她拿了她當時在現在拍的照片給我看。照片中她全身穿著滑雪衫，還帶上帽，站在臨時的路障面前滿臉笑容。這已是我此行第三次見到的路障照片，路障同樣都是用卡板和建築廢料堆疊而成，和香港的分別在於照片中的V是站在雪地上，路障也是在雪堆中撐出來的。

按V的說法，示威者決定派五千人在廣場留守過冬。一九九一的拉脫維亞人在嚴寒下守了一個月，他們也守了一個月。眼見政府沒有妥協的態度，有些較激進的示威者覺得不能再守下去，要去攻佔其他的政府大樓。相反，政府同樣也按捺不住要清場。到了一月底，形勢開始急轉直下，雙方時有暴力衝突。從二月十八日開始，廣場和周邊的道路一片混亂，而且不再是示威者和警察之間的互相攻擊，還有槍手在大廈天台向平民百姓開冷槍。就在當晚，位於獨立廣場的工會大樓，也就是示威者的指揮中心被放火焚毀。示威者不肯就犯，堅持留守。V說，那晚她和她媽媽在家中抱著哭，因為她爸爸堅持要留守現場。兩天下來，死了一百人。我和V走到廣場邊一條通往國會的斜路，也是當時衝突最激烈的地方。現在這條路已經封起來了，路上放滿了當日死難者的照片，四處都是十字架、鮮花和祭品。V和我說，這條路，現在多了一個名字，叫「天堂百人之路」。

到了二月二十日，基輔市行政首長連同一批國會議員退出執政黨。二十一日，軍隊副參謀長辭職，表示不能接受軍隊介入衝突。同時，國會議長聲稱身體不適請辭。開槍太過分，沒人想做劊子手，執政黨開始土崩瓦解，總統眾叛親離，不知去向。原來這時候，他知道大勢已去，已出走東烏克蘭，再到俄羅斯。國會投票重新執行二〇〇四年版的憲法，宣告亞努科維奇已不合法地擅離職守，訂於五月重新選舉總統。

V在現場喋喋不休的向我介紹當時廣場上的細節，包括反對派內部的不同意見，例如要不要接受和談，要不要武裝起義等等。我也不敢想像，如果當時的亂局那怕只是再多拖一天，後果會變成怎樣。但我再想想，亂局確實沒有在當天結束，之後還有俄羅斯出兵吞併克里米亞，還有東烏克蘭東巴等地的分離戰事，到今天都還在僵持著。

關於那些在天台上開冷槍的狙擊手，V很堅持他們不可能是烏克蘭人。她說，傳言前一天有俄羅斯特種部隊入境，換上烏克蘭士兵的制服。她相信這個說法，因為她不信烏克蘭人會殺烏克蘭人。我問她，那麼你不喜歡俄羅斯人嗎？她說她自己不歧視俄國人，也有很多朋友是俄語裔的烏克蘭人，大家都會說烏克蘭語，她自己也會說俄語。但她也承認，烏克蘭和俄羅斯實際上是在戰爭狀態當中，不可能每一個人都可以把人和政府分得開，肯定會有人把俄羅斯人和俄羅斯政府一同仇視的。

關於烏克蘭人對俄羅斯的不滿，不用V說明，我倒也感受得到。在獨立廣場四周賣紀念品的小販攤，我找到印有普京樣子的卷裝廁紙，供不喜歡他的人方便時使用。至於V的說法，我相信她出於維護國家形象，也沒有告訴我真相的全部。隨手在網上查一下，廣場革命當中其中一個主要組織「右區」就被歐美學界和媒體批評為極端民族主義份子——如果不是新納粹主義份子的話。我也找到一些抗爭者所寫的詆毀俄羅斯歷史和文化的文章，把俄羅斯人都寫得荒蠻落後。要保護自己的文化是天經地義，但為甚麼同時要詆毀對方的文化呢？我明白世界各地守護本土文化的時候，難免都會出現這些極端化的傾向。但理解歸理解，在反抗惡魔的同時把自己變成惡魔，我希望這永遠不會發生在自己身上。

和在愛沙尼亞和拉脫維亞一樣，我也忍不住問了V這條問題：那麼你支持俄羅斯的民主嗎？她想了一會，同樣好像沒聽懂我的問題，然後說：「但他們會說他們現在已經是民主國家啊，你看普京在俄羅斯是很受歡迎的。」再想了一會，我想她也理解到民主不止於投票，又補了一句：「如果俄羅斯變得民主的話當然是一件好事，但誰知道呢，有可能發生嗎？不過也很難說的，我以前也以為我們的革命是不可能成功的。但我可以做什麼呢？我們已經和俄羅斯在打仗了，我們還可以做什麼呢？」她的回答斷斷續續的，讓我感受到在我問她之前，她大概不怎麼想過這問題。對她來說，俄羅斯的事情實在太遙遠。

V知道我來自香港，也知道香港在二〇一四年同樣發生了一場佔領運動，我也回答了她的一些問題。我向她說，我對烏克蘭的未來很有信心。在基輔的路上走，我感到和在明斯克完全不同的氣氛。這兒的人充滿生氣，自得其樂。我們遙望被焚毀後空置的工會大樓，我對V說，波羅的海三國都有他們的佔領博物館，不如烏克蘭也利用這大樓建一個吧。看著斜陽下的獨立廣場，我和V就此道別，我向她送上對烏克蘭的祝福，她也向我祝福香港的未來。

我一個人從廣場走回酒店，途中又經過豎立在路邊一個又一個的十字架。我忽然覺得，或許烏克蘭修佔領博物館還早了一點。波羅的海的抗爭片段是二十六年前的，博物館中的圖片甚至會刻意轉用黑白來強調歷史感。然而烏克蘭的困局卻是目前的，現在進行式的，還未知道去向的，強迫你要正面直觀的。他們的故事才剛開始，獨立真的不是一個句號。

衛國戰爭

我和V提到之前在波羅的海和白俄羅斯參訪的博物館，其中對同一件歷史事件有完全相反的說法。V說我一定要到基輔的偉大衛國戰爭博物館看一下，因為在烏克蘭獨立後，他們把整個博物館關閉了數年，重新策展才開放，史太林從偉人變成了大壞蛋。於是第二天我便往偉大衛國戰爭博物館的方向出發，自己看個究竟。

從獨立廣場坐一站地鐵就到了Arsenalna。其實我對鐵路運輸是很感興趣的，雖然和一些真正的鐵路愛好者還有很遠的距離，但對這個地鐵站還是十分期待：這是世上離地表最深的地鐵站，深達地底一〇五・五米。從月台上到地面，要搭乘兩條極長的扶手電梯，得花五分鐘才搭完。站在扶手電梯百無聊賴的往上望，想像自己正被壓在百呎岩石之下，忽然有點窒息的感覺。

從地鐵口出來，要先經過兩個地方才到博物館。第一個地方是二戰紀念碑。這個紀念碑的設計和之前到過的其他前蘇聯的二戰紀念碑沒有太多分別，都是一條大道通往正中擎天一柱，路上兩旁用俄文刻上紅軍將領的名字。我感興趣的是這個紀念碑仍然存在，而且還保養得不錯。據說在廣場革命的期間，好幾個前蘇聯遺留在市中心的雕塑都被示威者自行拆除了。

二戰博物館門外的一隻貓。

在我住的酒店附近就有個「烏克蘭俄羅斯友好紀念碑」，下面已經畫滿塗鴉，前面的空地變成一個小型機動遊樂場。

走過二戰紀念碑，則來到一個極為沉重的紀念館：烏克蘭大饑荒紀念館。烏克蘭大饑荒是指在一九三二年至一九三三年期間在烏克蘭蘇維埃社會主義加盟共和國的大饑荒，估計有數以百萬計的人在這段時間因饑餓而死亡。烏克蘭人稱這段時間為Holodomor，意謂「以饑餓來滅絕」。站在烏克蘭的立場來說，他們認為這次大饑荒不單不是天災，更是一場直指蘇聯主導的、有預謀有組織的種族滅絕事件。

紀念館設在一個地下室，我走進去後發現所有的介紹都是用烏克蘭語寫的，我當然看不明白。不過單看展品和播放的短片，可見這展覽採用的語調都十分情緒化。走了一圈，發現售票處對面還有個小房間播放英文版的紀錄片，立即走進去把整套紀錄片看完。片中首先介紹學者從人口調查數據中發現不正常的現象，就是烏克蘭的人口在三十年代有所下降，而蘇聯的其他地方卻上升，一升一跌之間，發現人口比本來應有的數字減少達數百萬之多。從蘇聯如何隱瞞這次饑荒說起，片中介紹了饑荒期間的各種駭人片段，包括人食人，小孩被擄殺，再把肉製成香腸。片子花了很多篇幅說明為何要動用到「種族滅絕」來理解這件事，為何在法理上成立，他們又如何爭取國際社會的承認。

要處理這一點，必先搞清楚大饑荒的源起為何。大饑荒是人禍，這點無庸置疑。計劃經濟和農業集體化為烏克蘭的農業帶來了災難。專制政權中的下情不能上達，政治忠誠蓋過了客觀事實，也使烏克蘭人得不到應有的救援。但問題的重心，在於蘇聯的最高領導是否刻意的動用各種行政手段，藉機打壓烏克蘭的民族主義者。

我對這問題認識太少，不敢評論。在這紀念館，我想到最多的是中國的大躍進和大饑荒。烏克蘭大饑荒的死亡數字是以百萬計，中國大饑荒的卻是以千萬計。烏克蘭大饑荒比中國大饑荒發生的時間要早二十多年到三十年，比國共內戰也要早十多年。我只好說蘇聯的保密工作做得太好，不然當年的中國人對共產黨的印象會完全不同。說到認清歷史，這不是中國政府常常對別人作的指控麼？離開前，我在紀念館的留言冊上寫了一句：期待能有到訪中國大躍進和大饑荒紀念館的一天。

離開烏克蘭大饑荒紀念館，我便向偉大衛國戰爭博物館進發。在博物館的入口，我看見三架裝甲車被放在路邊。我以為這應該是什麼五、六十年代的軍備，畢竟很多戰爭博物館都會放幾輛坦克在門口當作是展覽的一部分。看看裝甲車前面的介紹牌，才知道這三輛軍車大有來頭。介紹牌的第一句是「烏克蘭部隊在二〇一四年八月於東巴地區奪得此輛軍車」。原來這三輛軍車並不是來自數十年前的戰爭，而是到今天仍在進行的東烏克蘭分離主義戰事。

二〇一四年二月，廣場革命趕走了亞努科維奇後，以俄裔人為主的克里米亞隨後表示不承認烏克蘭的臨時政府，並通過公投加入俄羅斯。雖然世界

二戰博物館原為偉大衛國戰爭博物館，拿著盾牌的雕像確實很有保家衛國的氣魄。

各國多數認為公投無效，但俄羅斯還是隨即吞併了克里米亞。此舉引發了東烏克蘭的一些親俄力量有樣學樣，以圖在東巴地區「獨立建國」，以民兵攻擊政府大樓。有消息指這些民兵其實是從俄羅斯軍隊來的，現實是俄羅斯正在入侵東烏克蘭。

博物館入口三輛軍車的介紹牌除了說明它們來自東部戰場，還清楚列明它們在俄羅斯軍隊的登記編號與所屬的軍事基地，以及車上各個標記如何與俄羅斯正規軍隊的標記相吻合。介紹牌的最後一句寫道：「這是俄羅斯軍隊在烏克蘭國土上支持親俄民兵團體的罪證。」罪證一詞再一次提醒我，烏克蘭和我之前到訪的國家是如何不同。別的國家要重寫歷史，是重構對於過去的認識。烏克蘭要重寫歷史，但他們的歷史就在今天。烏克蘭是切切實實的到現在還在為他們的獨立自主而戰鬥。

來到偉大衛國戰爭博物館，第一個發現是這地方的名字已經改了，現在的名字是「國立烏克蘭二次世界大戰歷史博物館」。這個名字的改變，本身就是重大的政治宣言。烏克蘭不要白俄羅斯人那種愛國卻不知道是愛哪一個國的含混，而是要直白的把這段歷史重新書寫為「二戰在烏克蘭」。

進入博物館，立即感受到這重新書寫的力量。博物館一開始就指出紅軍起始時對德軍的突襲毫無準備，史太林要在開戰後十天才有公開講話。在烏

重修後的二戰博物館把人的經歷放在中心，強調戰爭帶來的苦難。

克蘭本身，基輔的保護戰也是在軍備不足之下進行的。展覽中也提到烏克蘭人參戰的不同心態，而無論是蘇聯還是納粹，在烏克蘭都犯下各種罪行。說到庫斯克和列寧格勒之戰，展覽是把他們放在全球的反抗行動（包括意大利戰役和中途島戰役）中去討論的。說到苦難，展覽中有失去孩子的烏克蘭母親，也展出陣亡德軍寫回家卻無從寄出的信件。在常設展的最後一個展廳，博物館安排了一條數十米的長廊，放滿戰爭死難者的遺物。在結束之處，展板提醒著：二戰的結束並不是所有戰爭的結束，之後還有冷戰，許多國家被迫分裂，爭鬥不斷。

這結論，在烏克蘭這兒說特別重要，因為戰爭正在烏克蘭發生。博物館除了常設展外，還有一個關於東巴戰事的特設展。這兒就沒有任何客觀抽離的空間了。俄羅斯軍隊是壞人，烏克蘭軍隊都是英雄好漢，「榮耀歸於英雄，永遠懷念殞落的英雄！」在博物館的正門大廳，放置了一整列的烏克蘭軍服，還有從戰場上拾回來的頭盔和彈匣。我想，偉大衛國戰爭博物館這個名字其實不用改，只要把所指的那場戰爭從二次大戰改為東巴戰事就可以了。

東巴戰事（War in Donbass），又作「頓巴斯戰爭」 指二〇一四年二月迄今，發生在烏克蘭東部和南部的戰爭。俄羅斯聯邦支持在當地俄語區的親俄勢力與烏克蘭政府軍交戰。在戰事過程中，克里米亞已於公投後加入俄羅斯，至今局勢持續動盪。

核子廢墟

烏克蘭人痛恨蘇聯是有道理的，他們的切膚之痛可是世上其他地方都難以比擬。因為蘇聯的管治，他們經歷了世上最嚴重的災劫：切爾諾貝爾核電廠爆炸。專制政權和核電意外，這兩個東西一旦走在一起，災難可被放大百倍。來到烏克蘭，不得不去切爾諾貝爾一趟，見證由這個專制政權所帶來的核子廢墟。

基輔很多本地旅遊公司帶團到核子禁區參觀，只要在網上報名付費，準時到達集合地點便可參加。核子禁區受烏克蘭法令管制，不可以隨便進出，參觀時也要遵守一系列的要求，例如必須穿長袖衣服，不可以碰任何地上的東西等等，以免之後誤放入口吸入輻射源。我參加的一團大約五十人，導遊的是一個很年輕二十歲左右的小伙子。我們問他常常進入核子禁區是否會擔心，他說他的母親當然很不喜歡他的這份工作，但公司有發輻射感應器給他隨身攜帶，就好像那些在醫院從事放射治療科工作的醫護人員一樣，會定期檢查他們所接受的輻射量有無超標。

輻射對人的影響在乎劑量和接受的時間，而其中一個量度方法是微西弗（μSv）。以香港為例，平常的本底輻射（又稱背景輻射：background

核子禁區入口的警告標誌。

radiation）大約是每小時零點一微西弗。順帶一提，日本福島核災之後不少香港人不想去東京旅行，其實東京的本底輻射只有香港的三分之一左右，這是因為香港的地質本身的放射性比較高。我們在核子禁區逗留數個小時，一直有隨身的蓋格計數器量度所處地點的輻射水平。整個行程輻射最高的一點，計數器的讀數達每小時八微西弗，也就是正常的八十倍。這聽起來好像很嚇人，其實坐一次飛機已會接收大約四十微西弗，而一般人每年可接受一千微西弗，看起來似乎又不是那麼可怕。當然，你也可以從今天起覺得坐飛機很可怕。

這些數字遠遠低於切爾諾貝爾核災發生時的數字。經過多年的清理和自然的衰變，今天的輻射水平已大不如前。回到一九八六年四月二十六日凌晨一點二十三分爆炸時的一刻，如果你就在反應爐的旁邊的話，十分鐘內你便接受了五十西弗，也就是五千萬微西弗。這已遠遠超過一次接受的必然死亡輻射水平，也就是八西弗，即八百萬微西弗。

這當然不是計劃的一部分。切爾諾貝爾核電廠的興建，本來是蘇聯時代的自豪。當時的工程師對他們的設計十分有信心，甚至聲稱放在莫斯科紅場也沒有問題。當然他們沒有把核電廠放在紅場，而是建於烏克蘭和白俄羅斯的交界處。這兒的經濟十分落後，所以居民本來很歡迎核電廠的來臨。

我們坐了大約一個多小時的旅遊巴士，便來到核子禁區的第一個檢查站。我們下車等待接受護照檢查，團友相當高興的圍著核子禁區的警告牌要拍照留念。我看著這兒四周一片荒蕪，幻想《風之谷》當中的巨型甲蟲會否突然出現。沒多久，我們就重新上車向切爾諾貝爾鎮出發。切爾諾貝爾鎮原有數百年的歷史，全盛時期人口過萬，今天雖已成核子禁區的一部分，但仍有一些老人不顧禁令遷回居住。

在切爾諾貝爾鎮，我們先看了一個紀念當年救災英雄的紀念牌。導遊特別提醒我們不要對這紀念牌有太多期望，因為它是由家屬自發建成，手工相當粗糙。然而救災英雄的紀念牌竟然要由家屬自發建成，本身正代表了當年的救災過程是極受爭議的。之後我們再去看了一系列當年用來清理核電廠的機械人，這時候我就明白了。話說核電廠爆炸後反應爐中極高輻射的燃料棒四散各處，原來的想法是以機械人來清理，但輻射水平太高，連控制機械人的電路板也受不了。結果怎麼辦呢？導遊說，在極權社會，這問題不難解決，他們動用「生物機械人」就是了。所謂的「生物機械人」，說白了，就是以血肉之軀來清理。當時的科學家計算過，每名士兵穿上防禦衣後可以在核電廠的天台逗留不多於一分鐘。於是他們就和被派來的士兵說他們可以選擇在外圍清理三個月，或者就到該處工作一分鐘。很多士兵根本不明白什麼叫核子輻射，說是自願也好，被迫也好，便去剷輻射泥了。結果大多往後都患上輻射相關疾病而早逝。後來的調查發現，當局在他們退役文件上所寫的接受輻射量，是明顯低估的。

這只是和切爾諾貝爾核災相關的眾多官方隱瞞之一。核災剛發生，當局就有意隱瞞消息。凡專制政權就是天生的不透明，受害的都是平民百姓。即使當時的蘇共總書記戈爾巴喬夫，也要等兩日後核子塵吹到瑞典，由當地的儀器監測到並被西方傳媒揭發，才知道事態嚴重。連總書記都不知道，平民當然更是矇在鼓裡。五月一日基輔舉行勞動節大巡遊，居民如常走到街外慶祝，完全不知道他們當時其實應該留在室內以免輻射危害。不可思議嗎？別忘記二〇〇三年春天，非典型肺炎（SARS）尚未受控之時，廣州出口商品交易會如常舉行，還傳出幹部強迫廠商參加以粉飾太平。

此行的重點，自然是直擊核電廠現場和參觀被廢棄的專家村普里皮亞季（Prypiat）。我沒想過他們會容許我們走得這麼近，在離出事的反應堆不過兩百五十米處讓我們下車拍照留念。這時候我們的蓋格計數器量已瘋狂作響，因為輻射水平已超過每小時三微西弗。導遊說我們只是停留幾分鐘，無所謂的。我們恐怕是最後一批可以和核電廠合照的遊人了，因為新蓋的罩頂將會在二〇一六年底移到核電廠之上。本來的石棺保護不足，要進一步隔離輻射影響。

來到專家村普里皮亞季，也就是今天的鬼城。在反應堆爆炸後的首日，當地居民還未被告知事故。被派往當地的調查隊拍下了當天居民如常生活的場景，片中不斷出現各種白點和雪花，原來是空氣裡看不見的輻射干擾影片攝錄所致。早前有香港記者參加同一個本地團，已拍攝了不少鬼城中空置學校、戲院和運動場的照片刊登在報章上，讓我已有一定的心理準備。即便如此，我到了當地最有名的廢棄遊樂場時，依然十分難過。導遊說他不明白為什麼遊人總會在這感到特別傷感，我想他可能太年輕了，未能理解中年人對遊樂場應有的家庭喜樂的想像，與眼前的荒涼廢墟呈現了多麼巨大的反差。

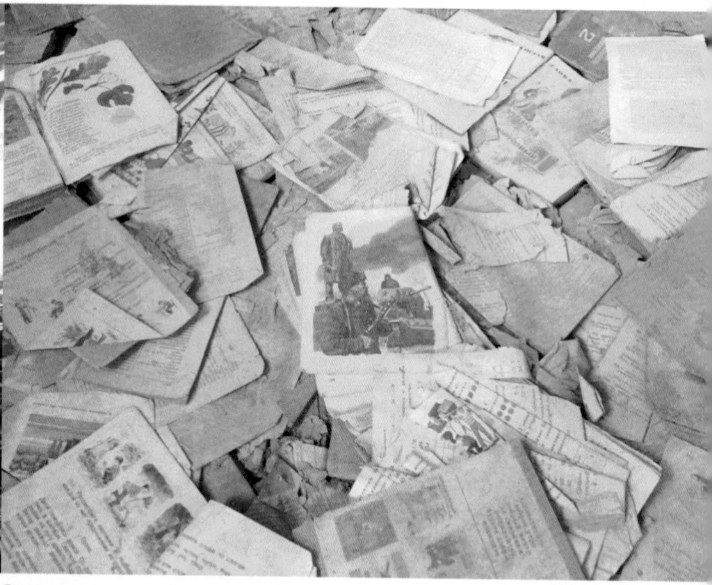

①｜②｜③

①核子禁區內的荒廢學校有如恐怖片場景。
②普里皮亞季內的一所荒廢電影院。
③普里皮亞季內的一所學校，疏散時遺留下的課本在地上四散。

切爾諾貝爾核災加速了蘇聯的解體。善後事宜本身花費大量資源固然是問題，更重要的是蘇聯當局初期的刻意隱瞞為整個蘇聯帶來巨大的災難，再也沒有人相信蘇聯國力強大，反而發現活在蘇聯之下，原來是一個極大的負累。戈爾巴喬夫後來便說，切爾諾貝爾核災可能才是蘇聯解體的真正原因。

在香港東北面約五十公里的大亞灣，有六台核電機組。在香港西南面約一百三十公里的台山，又有兩台核電機組，並計劃多建兩台。這十台核電機組，大概就是我到今天仍然擁護建設民主中國的最大理由。我不責怪香港的年輕人對中國沒有感情且不覺得有任何責

任，正如我不會責怪烏克蘭的V沒想過建設民主俄羅斯。但就算拋開民族認同不說，只為香港自身和人類文明福祉去考慮，只要一想起切爾諾貝爾，我們還是太應該支持中國的民主化。

切爾諾貝爾核災是人禍，而此人禍並不限於反應堆爆炸的一刻，更在於往後的刻意隱瞞。這是專制管治的必然。民主管治可透過選舉去更新其民意認授，專制管治卻不可以，面對管治失敗的時候只懂得用謊話蓋謊話的方式意圖混過去。但物理現象是不理會謊話的，也不會屈服於強權高壓的。就算政府扣押再多的異見者，核子輻射還是會繼續擴散。

要面對核災的危險，我們其實沒有其他可行的選擇。我們第一不能選擇隔絕，環境問題不理疆界。我們第二不能妄想只靠外部壓力便足以扭轉，北韓多年來的核試就是最佳證明。我們唯一可能的選擇，是讓有可能發生核災的地方建立起自由和獨立的媒體，讓信息可以自由流通，鼓勵民眾去監督權力。這樣，就算真的有核災發生，我們也可以第一時間去應對，不怕因為刻意隱瞞而造成更大的破壞。我自問沒有能力對於民主中國有太多的貢獻。但對於那些自願去為此付出的人，不阻礙他們，不取笑他們，我以為站在香港本土利益的立場來說，應是個再簡單不過的共識。

切爾諾貝爾鎮上的天使雕塑。

Chapter 7

摩爾多瓦及聶斯特河沿岸

Moldova, Tranistria

Moldova

摩爾多瓦

首　　都：奇西瑙
獨 立 日（自蘇聯）：1991.8.27
國土面積：33,850平方公里
總 人 口：3,567,500人
貨　　幣：列伊（MDL）
官方語言：羅馬尼亞語

Tranistria

聶斯特河沿岸

首　　都：提拉斯浦
獨 立 日：1990年9月2日（自摩爾多瓦獨立）
國土面積：4,163平方公里
總 人 口：475,700人
貨　　幣：聶斯特河沿岸盧布
官方語言：羅馬尼亞語、俄語、烏克蘭語

窮風流

摩爾多瓦是這次前蘇聯之行的最後一站。這兒也是整個歐洲最貧窮的國家，人均年生產總值只有不到五千美元，距離倒數第二名格魯吉亞的七千六百美元還差很遠，更別說其他已變得較富裕的前蘇聯國家，例如已達兩萬多美元的波羅的海三國。看這些數字，摩爾多瓦雖然獨立了，卻沒有因而振翅高飛。這是怎麼一回事？

我步出首都奇西瑙的機場時，感覺還不算太差。可能是因為機場本身在翻新當中，而已經裝修完成的地方都十分摩登明亮，所以半點也不像在一個落後國家。但這印象到了市區便立即被打破。我選了一座市中心旁邊的新建酒店渡宿。酒店所處的社區很寧靜，感覺應是富人區，讓我想起香港的九龍塘。但從酒店往火車站的方向走不到兩分鐘，卻有一座十多層高的爛尾樓豎立在路口。相對於四處一般只有五、六層樓高的住宅建築，這座爛尾樓實在太過礙眼。

後來我發現，這種新與舊、貧與富，以及發展與衰退的相互交織，大約就是奇西瑙城市景觀的寫照。這兒不難找到專門面向富人和外企員工的超市和高級餐廳，但同一條街的另一面卻是數以千計的平民買賣蔬果糧油雜貨的公營中央市場。奇西瑙的街道應該是我此行到過所有城市當中最有活力的。雖然沒有如明斯克的宏偉建築，卻有熙來攘往的街道，人車絡繹不絕，路邊各處都有小販擺賣。或者正正是因為經濟落後，高端經濟以外還有空間讓平民過日子。窮風流，餓快活，是奇西瑙的庶民寫照。

要知道一個地方的經濟活動，除了逛菜市場，另一個方法是看找換店[1]。且看東亞各城市的找換店近年越來越歡迎人民幣，本身就說明整個東亞國際秩序的改變。在奇西瑙，我看到的找換店最起碼都會列出摩爾多瓦的貨幣列伊和另外五種貨幣的兌換價：美元、歐元、俄羅斯盧布、烏克蘭格里夫納，還有羅馬尼亞列伊。美元是全球貨幣，沒得說。摩爾多瓦地處歐洲和前蘇聯，當然要用歐元和俄羅斯盧布。至於烏克蘭格里夫納和羅馬尼亞列伊，最簡單的解釋固然是摩爾多瓦位於烏克蘭和羅馬尼亞之間，但物理距離不能解釋一切，社會連結往往更重要。正如中國和東亞各地的物理距離一直都一樣，但人民幣只在這十年間才流行起來。

1 找換店，即外幣轉換所、兌幣處。

摩爾多瓦的歷史和羅馬尼亞密不可分。最明顯的例證，是摩爾多瓦的國旗就是羅馬尼亞國旗再加上摩爾多瓦的國徽而已。摩爾多瓦語和羅馬尼亞語是否真的兩種語言，也是一個敏感話題。或者因為這個背景，摩爾多瓦從前蘇聯獨立的歷程以及往後發生的事，也和其他地方例如波羅的海三國很不一樣。

摩爾多瓦作為一個政治實體，可由形成於十四世紀的摩爾達維亞公國開始說起。而其中最為後世傳頌的，是為國家開疆拓土的斯特凡三世。今天奇西瑙最主要的街道，正是以斯特凡三世所命名。在市中心廣場的對角，還有一座斯特凡三世的銅像。雖然放在中國歷史的標準來說，斯特凡三世的勢力我猜大概就等於一個郡主左右，但誰說這不足以讓一個國家為此而自豪呢？

摩爾達維亞公國的勢力不單包括今天的摩爾多瓦，還有部分現今羅馬尼亞和烏克蘭的國境。公國後來沒落並漸漸受奧斯曼帝國所控制。到了十九世紀初的俄土戰爭，奧斯曼帝國把連同摩爾多瓦在內的比薩拉比亞割讓與俄羅斯，摩爾多瓦和羅馬尼亞因而分隔。今天在市中心廣場的中央，正對著政府總部大樓的地方，還有一座帝俄興建紀念俄土戰爭的凱旋門，象徵著整個國家的正中心。

奇西瑙是個新和舊、暴富和貧窮、共產記憶和資本主義混在一起的城市。

時間再來到一九一八年，第一次世界大戰即將結束。和波羅的海三國一樣，摩爾多瓦也把握了這個機會脫離俄國獨立，建立起摩爾多瓦民主共和國。但和波羅的海三國不同，這次獨立並沒有維持多久，兩個月後便在羅馬尼亞的壓力下被併入。摩爾多瓦受羅馬尼亞管治了二十二年，然後又是和波羅的海三國一樣，在德蘇密約之下被併入蘇聯。但過了不久，羅馬尼亞加入了軸心國，和納粹德軍一起進攻蘇聯，收復了摩爾多瓦。但到了二次大戰後期，又是和之前說過的波羅的海三國、白俄羅斯以及烏克蘭一樣，蘇軍重奪東歐各地。在這短短數十年間，摩爾多瓦多次在蘇俄和羅馬尼亞之間易手。說實話，無論是蘇俄還是羅馬尼亞的管治，對摩爾多瓦的發展也沒有多大貢獻。今天摩爾多瓦的貧窮落後，肯定有其歷史因素。更不幸的是，摩爾多瓦和俄羅斯與羅馬尼亞糾纏不清的關係並未過去，至今仍然是國家政治的主要爭執來源。

我走到摩爾多瓦歷史博物館，本來是想多了解一下蘇聯和摩爾多瓦的關係。很可惜，博物館雖然座落於一座很有氣派的歷史建築當中，展出的藏品卻十分少，而且基本上沒有什麼解說，無論是摩爾多瓦語或英語都沒有。到了蘇聯統治和獨立的一段，也只有數張照片而已，使我十分失望。再走到特展藏館，還好一點，放了一些獨立過程期間拉過的橫額，但仍然是沒有任何解說。我在想，這國家就算再窮，也總會想在國立博物館把蘇聯佔領的歷程和立國的故事說清楚吧？是有什麼難言之隱嗎？

展覽中有一張照片倒吸引了我的注意。照片上有一條河和一條橋，橋上有個人在揮動一支看上去是羅馬尼亞樣式的旗幟。照片下面寫著「花之橋一九九〇年五月六日」，同樣沒有其他文字解說。我回去在網上搜尋一下，原來當日分隔羅馬尼亞和摩爾多瓦的普魯特河解禁一天，兩地人民包括分隔多年的親友可以自由往來。當日沒有演說，沒有口號，沒有大台，只有數以十萬計的參加者通過數個檢查站在當日步行來往，並把鮮花拋進河中。這樣的大型活動在國立博物館也只得一張照片，似乎他們真的還未準備好要訴說這段歷史。

關於蘇聯佔領的這段，我後來發現是我找錯地方。在距離歷史博物館十多分鐘路程的戰爭博物館，就有十分專業的蘇聯時代展覽。剛走進戰爭博物館的大院時，只見一些我早已看厭的大炮和坦克。再走進室內的展區，一開始看的幾個展廳做得比歷史博物館還要糟糕。正當我以為又要失望而回之際，卻被職員帶到地牢層的展區。這部分是完全重新翻新過的，專門談蘇聯時代的各種事物，讓我喜出望外。展覽除了談及日常生活中蘇聯當局對一般民眾的壓迫，例如任意逮捕和迫害外，特別重點提到史太林年代摩爾多瓦人被流放邊疆的歷史。和波羅的海三國一樣，數以萬計的摩爾多瓦人在這段時間被強行送到西伯利亞、哈薩克和烏拉爾地區。這段歷史似乎在摩爾多瓦留下極深的烙印。我發現在歷史博物館和戰爭博物館說到蘇聯時代的展品，幾乎都是關於流放邊疆和勞改歲月的。在奇西瑙火車站外的廣場，還新建了一座紀念這段歷史的紀念碑，上面是一連串面無表情抱著嬰兒和帶著小孩的人群，相當沉重。

說回戰爭博物館，這兒還有一個特別展廳介紹一九九二年的聶斯特河沿岸戰爭。聶斯特河沿岸（Trasnistria）是摩爾多瓦的敏感題目。上世紀八十年代末，前蘇聯各國都發起分離運動的時候，摩爾多瓦也辦起了自己的人民陣線。他們要求把摩爾多瓦語列為官方語言，又有意見認為摩爾多瓦應該重新加入羅馬尼亞，最極端的甚至認為要把境內的斯拉夫人（包括俄羅斯人和烏克蘭人）統統趕走。這些說法讓摩爾多瓦東部聶斯特河沿岸地區的居民十分憂慮，畢竟這兒的俄裔人口佔多數。隨著人民陣線在一九九〇年的摩爾多瓦最高蘇維埃選舉取得勝利，並且開始推行他們的政綱，聶斯特河沿岸便搶在摩爾多瓦脫離蘇聯獨立之前，自行宣佈先從摩爾多瓦獨立，希望可以藉此留在蘇聯。到了一九九一年底蘇聯正式解體後，兩地衝突不斷升溫，終於在一九九二年爆發戰爭。

博物館內對戰爭的前因後果基本上沒有什麼解釋，重點反而放在戰爭於民間造成的生靈塗炭，牆上放滿平民百姓以淚洗面的黑白照片。展廳中央還有一大幅的玻璃屏風，上面刻著陣亡士兵的名字。在展廳的一角，則擺放了一台電視不斷翻播戰事畫面，機關槍掃射的聲音在展廳迴盪。這個特別展廳可算是戰爭博物館中最花心思陳設的一個，但可能是這戰事摩爾多瓦一方沒有戰勝，使得官方立場也不知道該如何說明，只好語焉不詳地再以圖片代替文字了。

二次獨立

聶斯特河沿岸戰爭的歷史，我在奇西瑙看得不明不白，只好直接去聶斯特河沿岸共和國一趟。這地方不難去，從奇西瑙中央市場後面的長途巴士站出發，坐大約兩個小時的小巴就到了。我一大早就走到小巴站頭，雖然一句摩爾多瓦語和俄語都不懂說，還是很順利的買票上車。在等開車的時候，有小販上車賣糖果餅乾，再加上車外人潮擁擠的景象，感覺有如在非洲或南美旅行，摩爾多瓦作為歐洲最貧窮國家的地位倒也實至名歸。小巴司機是個老人，煙癮極大，還未開車已抽了兩支煙，開車之後又抽了三支，我懷疑他一天到底要抽多少包煙才夠。

過了一個多小時，小巴就來到檢查站了。在到達檢查站前，路邊還看到軍隊駐守和裝甲車戒備，我後來才知道他們是俄羅斯派來的「維持和平部隊」。當然，站在摩爾多瓦的立場來說，叫他們入侵敵軍可能會合適一點。摩爾多瓦既不承認已經失去聶斯特河沿岸，所以也沒有出境檢查站，我也就在沒有出境的情況下「入境」了另一個「國家」。我在網上看到檢查站的官兵會收黑錢，自問也曾經在南美一些偏遠角落的檢查站遇過這樣的情況，本來有一點兒擔心。還好發現檢查站原來相當現代化，旅客逐一排隊送上護照，入境官員就會給予一張電腦列印的「回頭紙」作紀錄，唯一要說的就是「遊客」和「即日來回」二字。或者他們也知道自己的國家不受他國承認，所以使用「回頭紙」而不是在護照上蓋章。我看看我拿到的那張，因為規定只可以停留十個小時，上面寫明我必需要在晚上八點二十六分四十二秒前離境，十分準確。

Tranistria邊檢站一景。

過境後，自然景色依舊優美，但路牌上的文字一概由拉丁字母換成西里爾字母，提醒我語言問題正正是這兒要在獨立中獨立的主要理由。再在車上多走半個小時，就來到聶斯特河沿岸的首都提拉斯浦。入城路上見到超市、新建的住宅小區，還有新建的大型運動場館，而且大得和只有十多萬人口的城市規模不相稱。我覺得我以後都不會再相信那些某處就是「凝固了的蘇聯時代」的鬼話，聶斯特河沿岸並不如旅遊書介紹所說是原版蘇聯的樣子。時空或會分叉，卻不會停止。

小巴來到位於提拉斯浦火車站的終點，迎接我的是一位聶斯特河沿岸的年青人M。他今年三十歲左右，十分強壯。他把我引到他的私家車，說準備好半天的行程要介紹這兒的歷史。誰知我一上車，他就問了我一條有點難答的問題：「你們香港人是否都不喜歡中國？」我想，天啊，想不到來到這天子腳底的地方，還是一個地圖上不存在的獨立國家，被當地人問到的第一條問題竟然是中港關係，是否有點諷刺。我意圖解釋什麼是一國兩制，以及近年出現的矛盾和香港人的不滿。M想了一會，說「那和我們很像啊」。我想，雖然香港也有人說要搞獨立，但聶斯特河沿岸的獨立是為了親俄，而今天的俄羅斯明顯是一個專制國度，這未免和香港人要追求的有點不一樣。不過為免尷尬，我還是決定不和他詳細討論當中的分別了。

M首先帶我去了中央劇院，告訴我他們當年就是在這兒宣佈獨立的，並解釋了聶斯特河沿岸版的聶斯特河沿岸獨立故事。隨著由人民陣線把持的摩爾多瓦最高蘇維埃決定恢復以摩爾多瓦文為官方語言，聶斯特河沿岸的俄裔民眾擔心很快家園不保，決定脫離摩爾多瓦以求留在蘇聯。到了蘇聯解體了，聶斯特河沿岸就變成一個沒有人承認卻實際上存在的國家了。我向M問道，那這兒的人有沒有想過以後怎麼辦？他說他們十年前辦過一次公投，問大家未來想和摩爾多瓦統一，還是要成為俄羅斯的一部分。結果百分之九十七反對前者，百分之九十八支持後者，絕對一面倒。不過我後來查過，這次公投的公正性是受到不少質疑的。

國家未受承認，使得很多正常國家所做的事情他們都做不了。當地有自己的貨幣，但一出境就不會有用。當地也有自己的護照，但沒有正常的國家承認。M說很多當地人都會通過血緣得到兩三本的護照，他們真的要出外的時候就按需要選護照出行。這點和香港人倒真的有點像。但他們沒香港人幸運，沒法自己組隊參與奧運會。我問他們的運動員怎麼辦呢？M說今屆本來有運動員會以俄羅斯代表的資格參賽，但在俄羅斯禁藥風波下被取消資格。

這兒的親俄感情可以用泛濫一詞來形容。通往提拉斯浦的大橋上塗上了俄羅斯國旗的白藍紅三色。在路邊歌頌當地現任總統的廣告板上，總統身後沒有當地國旗卻反而有俄羅斯的國旗。數個同樣在其他前蘇聯獨立出來卻沒有多少個別國承認的國家，如納哥諾卡拉巴克共和國、南奧塞梯共和國，還有阿布哈茲共和國，都在提拉斯浦設有辦事處，有如一個另類親俄國度聯合國一樣。

我問M為什麼這兒的人會這麼想加入俄羅斯呢？他說語言只是其中一個原因，更重要的是他們感到俄羅斯對他們照顧有加。當年的聶斯特河沿岸戰爭，正是來自俄羅斯的「志願軍」幫助他們守護國土。到了今天，仍有二千名俄軍駐守當地。他又說到當地的汽油都是俄羅斯免費提供的，他眼中的俄羅斯發展很好，認為加入有利當地發展。對於俄羅斯吞併克里米亞，他對在烏克蘭的人命傷亡感到難過，但同時提到事發後當地隨即派出代表團到莫斯科，希望能像克里米亞一樣加入俄羅斯，只是普京沒有答應。有句話我很想和M說，但還是吞在肚裡沒說出來：俄羅斯現在這麼支持聶斯特河沿岸，只是將之視為一只國際關係的棋子吧。到了主權變得清晰的一天，你們反而會失去戰略價值，所得的好處都會消失，壞處卻會不斷增加。別人這樣說你可以不信，一個香港人和你這樣說你一定要相信。

我追問M在路上見到的新建設是否都是俄羅斯援建的，他卻說不是。當地獨立後兩個前情報機關的官員成立了一家叫「警長」的公司，而這公司已發展到壟斷當地各個可以賺錢的行業，包括電信、電視台、能源、製造、零售，就連建築公司都有。為保障公司的發展，他們甚至支持新政黨的成立，並且在最近連續三屆國會選舉當中獲得多數席位。這恐怕是官商勾結的典範吧。

在短短的數小時內，我們倒看了不少很有特色的歷史和政治景點，例如議會大樓，聶斯特河沿岸版的聶斯特河沿岸戰爭紀念碑，還有一座因戰事而在牆上佈滿彈痕的政府建築。而M帶我看最有意思的一個景點，是一座豎立在河邊的紀念牌。這紀念牌要紀念什麼不是重點，重要的是碑文所用的文字：上面是西里爾字母寫的俄文，下面是西里爾字母寫的摩爾多瓦文。回說在蘇聯統治摩爾多瓦期間，官方規定摩爾多瓦文要和俄文一樣要用西里爾字母拼成。摩爾多瓦獨立的時候，便把摩爾多瓦文改為以拉丁字母拼成。而以拉丁字母拼成的摩爾多瓦文，從語言學的角度出發，其實和羅馬尼亞文是差不多一模一樣的，只是個別詞彙有別而已。現在於摩爾多瓦境內已很難找到用西里爾字母拼成的摩爾多瓦文，就由這座在聶斯特河沿岸的紀念牌的牌文留下這段歷史。

見慣香港的繁簡體之爭和普粵語之爭，再看到這兒的語言之爭弄成內戰死傷枕藉，我難免會有很多聯想。我當然同意保護本土文化，在強權面前保護本土文化是天經地義的事情。但聶斯特河沿岸卻告訴我本土文化是一個相對的概念，在他們的眼中，他們同樣是在保護本土文化。摩爾多瓦的獨立過程刻意利用了摩爾多瓦文化和俄羅斯文化的分別來動員群眾支持，雖然很有效地團結了很多人參與獨立運動，同時卻強化了境內少數族裔對獨立運動的懷疑，埋下了獨立後聶斯特河沿岸戰爭以至其他政治和社會問題的禍根。如果當日摩爾多瓦的反對派沒有起用國族主義抗爭的路線，而是堅持以公民價值為綱去走獨立路的話，往後的歷史會否不一樣呢？

提拉斯浦的親俄情緒泛濫，提醒了我留意到故事的另一端：走在奇西瑙的街頭，同樣感到當地親歐情緒泛濫。街上的政府大樓很多都掛上歐盟的十二星旗，就連斯特凡三世公園也特別找來染上藍色的碎石來做了個歐盟十二星旗的花圃。相對於剛剛公投脫歐的英國，摩爾多瓦明明不是歐盟成員卻處處要和歐盟拉關係，實在是有點奇怪。

翻看歷史，這些親歐的表象似乎只是近期的事情。回看摩爾多瓦獨立後的政治，和隔鄰的烏克蘭一樣是跌跌撞撞政局不穩。波羅的海三國在一次大戰後曾有多年的獨立地位，這個「體制記憶」讓它們重新獨立後可以有所參照，政局相對穩定。相對來說，無論是白俄羅斯、烏克蘭或摩爾多瓦，都沒有同樣的一段獨立歲月可以依據，民主憲政是全新的東西，要鞏固民主管治就顯得困難得多。

摩爾多瓦尋求獨立時的民族論使得國家一成立便要面對內戰，及後的選舉隨即見到風向轉變。支持民族融和與相對親俄的政黨獲得多數議席，支持與羅馬尼亞統一的政黨則一蹶不振。及後獲通過的憲法除去了民族論的字眼，更列明承認並支持俄語和其他語言在境內的使用和發展。雖然如此，執政聯盟仍然內鬥內行，而國家從計劃經濟走向市場經濟期間貪污盛行，當權者在國有企業私有化的過程中套取各種好處。當摩爾多瓦變成了歐洲最窮的國家的同時，卻有既得利益藉經濟改革變成暴發戶，民眾求變之心與日俱增。時間來到一九九八年，在民主制度下重新參政的共產黨在國會選舉獲得最多選票，但未至於取得一半議席，其他政黨立即組成聯盟阻止共產黨獲勝。但這個聯盟除了反共之外其實沒有什麼共通點，於是又要再過一段政局不穩和貪污橫行的日子。

選民終於在二〇〇一年的選舉中受不住政治精英的權鬥，把多數議席送給了共產黨，讓他們可以重新開始。他們中止了國企私有化，打擊貪污，發還拖欠公務員的工資和退休金。雖然是共產黨，但既然是民主選舉選出來的，他們也很有意識的知道要小心翼翼地執政。例如面對世界銀行和國際貨幣基金會對他們減緩經濟改革的不滿，便隨即調整了相關的政策。又例如他們本來想重新規定學校必須教俄語，並且修訂歷史教科書的內容。但面對輿論的反對，他們不單要放棄這些計劃，教育部長更公開道歉並被革職。而國家經濟剛剛好也在這時候重搭正軌，讓共產黨得到充足的支持。

但此時的共產黨已不是獨立前的共產黨，仍要不時接受選舉的洗禮。二〇〇九年的選舉中，共產黨雖然勝出，但卻未能成功組成政府，還引發了一連串的示威抗議。國會在三個月後的重選不單未能讓共產黨取得更多議席，反而讓在野黨派再次成功組織反共聯盟，奪回政權。如是者，摩爾多瓦又重新回到不穩定執政聯盟的日子。

我回到斯特凡三世大道上的中央廣場，從俄羅斯人建的凱旋門上望過去政府總部，前面有一整列的帳篷在馬路邊，入面是從二〇一五年三月開始反政府示威的留守者。他們的帳篷比我們在金鐘和旺角的都要大得多，不過我看到真正留守的人其實沒幾個。這場示威的最高峰在二〇一五年九月，多達十萬名示威填滿了整個中央廣場，是當地獨立以來最大規模的示威，當時的帳篷也遠遠比現在的要多。示威者既有親歐陣營，也有親俄陣營，但他們同樣要求現政府下台。

這一波的抗議源於國家銀行有十億歐元不翼而飛，被轉到在英國和香港開設的空殼公司。這件事情我是在英國廣播公司的新聞中找到的，在香港媒體找不相關報導。十億歐元等於摩爾多瓦這個窮國八分之一的全年國民生產總值，絕對不是一件等閒事。我既來自香港，面對這些留守的示威者也有點不好意思。為了解決銀行危機，政府只好開印鈔機應付，匯率隨即由一美元兌十二列伊跌到二十列伊，物價隨即飛漲。「處置寡頭、歸還贓款、提前選舉」也就成為了抗議的口號。儘管示威成功迫使前任總理因貪污被捕，但政局動盪至今仍未平息。

說了這麼多，無非是想說明一點：獨立後的民主路，仍然一點都不易走。親歐還是親俄、民族認同的問題、要不要和羅馬尼亞統一，在可見的將來仍然會主導摩爾多瓦的政局。活在強國的影子下，無論喜歡與否，其影響

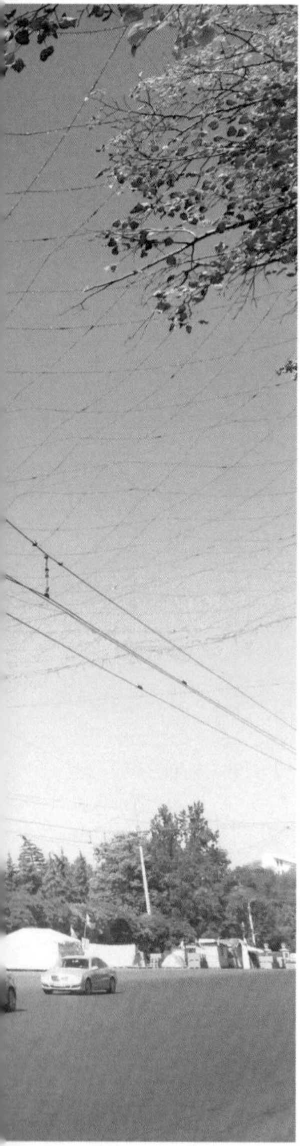

市中心的政府大樓，外面尚有零星的示威者在露宿佔領。

都注定永恆伴隨，不因獨立而改變。唯一可以慶幸的是，最起碼今天的摩爾多瓦有屬於自己的政府。儘管他們的民主制度仍然很不成熟，公民社會的配套仍然極為不足，最少還可以說一句：路是自己選，跌倒別要哭。

來到我在摩爾多瓦的最後一天，我走到奇西瑙的勝利紀念碑。這地方在蘇聯時代建成，由五支指向天空的步槍形狀的石柱組成，步槍的頂尖下是永恆之火，目的是紀念二次大戰陣亡的士兵。雖然這兒離開市中心有點遠，不過走路還可以到。這紀念碑沒有像愛沙尼亞的那個一樣被搬走，也沒有如拉脫維亞的那個一樣廢棄；相反，這兒還有衛兵站

▶勝利紀念碑和永恆之火。衛兵在烈日下步操換崗。

崗，永恆之火真的仍在燃點。紀念碑所在的公園沒有其他遊人，我一個人站在一旁看著衛兵在烈日下步操換崗。坦白說，雖然我對軍操接近一無所知，但也看得出他們走得極不專業。我一點也不怪罪他們，畢竟如果我不在的話，他們這換崗步操不知還可以表演給誰看。我明白這後面一定有什麼政治爭議，使得這步操不得不繼續下去。但我還是感到有點傷感，覺得這做法太不人道，不單要保留這個已經完全沒有人理會的地方，還要讓這幾個小兵不停重複一個已經沒有人來看的儀式。

頃刻，我又想起那些歷史被凝固的說法。來到這刻，我已差不多完成整個前蘇聯之旅。在我出發之前，有不少朋友介紹我去各個景點，理由都是「那兒保留了前蘇聯的時空」。在我到達之後，都發現那些地方肯定已和二十六年前不一樣。然而世上總有權貴，喜歡把自己的價值強加於人，不理會世界早就不玩他們那一套。時間不等人，若要強行鎖上時間和空間，結果只會換來一場鬧劇。

Chapter 8

俄羅斯．莫斯科

Russia. Moscow

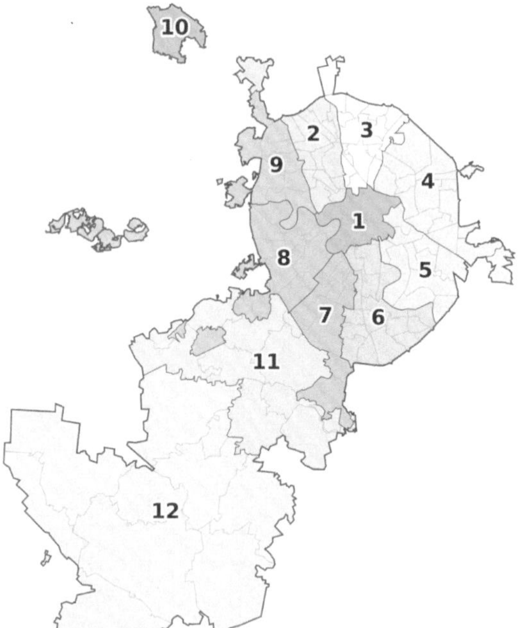

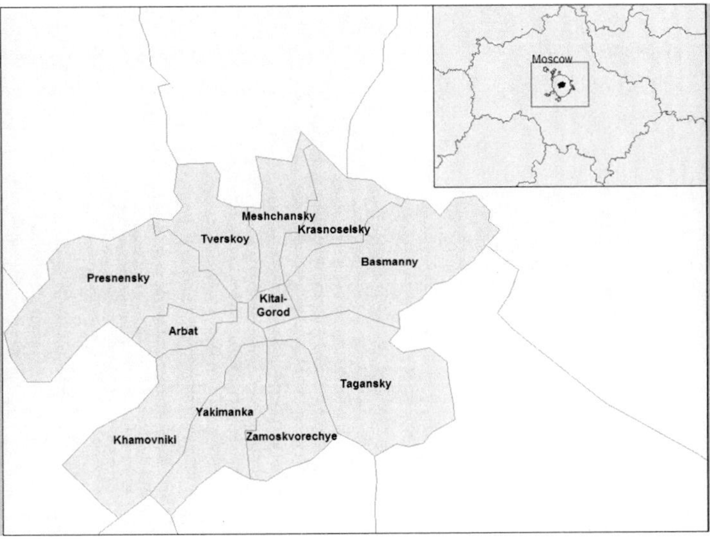

Москва

莫斯科

面　　積：2,511平方公里

總 人 口：12,301,260人

自12世紀的莫斯科大公國時代起，歷經沙皇俄國、蘇聯以至今日的俄羅斯聯邦，始終都是國家首都。

克里姆林宮的所在地。

從摩爾多瓦回港的路上，因為要轉機的關係，我在莫斯科停留了一晚。不過既然來到，我也把握機會到處走走。莫斯科的城市規模遠比此行到過的任何一個城市都要大，下班時間趕往地鐵站的人潮一如所有大城市。經歷了整個月的邊緣地帶之旅，忽然來到這個國家中心之處，實在有點不習慣。

時間有限，我只去了幾個主要景點，例如紅場和旁邊的國家百貨商場。本來還想看看列寧墓和史太林墓，可惜因為紅場有公眾活動而不能走近。我又去看了

曾經是共產主義的中心，至今仍然安放列寧遺體的莫斯科紅場。

基督救世主主教座堂，還在附近吃了俄羅斯餃子當晚餐。離開的時候路過就在附近的莫斯科中山大學原址，可惜我當時完全沒有為意，後來在網上查看才發現自己錯過了。至於那些藝術博物館和畫廊，我全部都沒有去。並不是不感興趣，只是此行太匆忙。事實上，我早已為了看那些特殊的冷戰時代地標，而錯過太多正常遊客應該去的地方。例如我在聖彼得堡留了六天，卻沒有進去號稱世界五大博物館之一的隱士廬博物館（Hermitage），自己也感到很過意不去。

但我去了莫斯科的國立現代歷史博物館。相對於聖彼得堡的國立政治史博物館，這兒對蘇聯時代的描述就沒有那麼批判性了。很多事情如大饑荒、計劃經濟失誤、勞改營等片段，都是一句起兩句止的輕輕帶過，似乎莫斯科和聖彼得堡的政治環境還是有點不一樣。

但在我意料之外的，卻是介紹蘇聯倒台後政局的展廳，展出了不少十分珍貴和震撼的展品。我在這部分的一個展廂內看到一道門，門上全是子彈洞。一看之下，發現原來在我整個行程當中，還有一條問題尚未回答：如果俄羅斯的民主化可解除邊緣地帶所受的威脅，那為什麼俄羅斯在蘇聯瓦解後沒有自己先走上民主的道路？我面前的子彈洞，是一九九三年俄羅斯憲政危機的見證。自蘇聯解體以來，俄羅斯總統葉利欽推動的「震盪療法」經濟改革引發了嚴重的經濟衰退，以致民怨沸騰。當時葉利欽認為立法機關阻礙改革，要將之解散，立法機關卻反過來認為葉利欽失職，要將之彈劾，兩邊互不相讓。最後突破困局的方法，是葉利欽出動軍隊進攻議會，包括調動坦克炮轟議會大樓。在展廳內，還有很多相關的展品，例如市民在軍隊出動前到場聲援的照片，以及當時用過的防彈衣。

葉利欽把議會領袖抓住之後，隨即提出在兩個月後進行全國憲法公投。新憲法確立總統的權力，也訂立了新的立法機關。葉利欽雖然得到了權力，但他的施政並沒有為俄羅斯的人民帶來更好的生活。其中一九九八年的金融危機，盧布的匯率一下子跌了三分之二，民眾對政府完全失去信心。終於到了一九九九年底，葉利欽黯然下台，由時任首相的普京出任代總統。

和在聖彼得堡一樣，博物館說到普京上台就沒有再說下去了。往下來的故事，實在不好說。在普京之下，俄羅斯再次走向專制。一九九六年的總統大選中，雖然政府資源和主流傳媒一面倒的傾向葉利欽，個別票站甚至傳出造票指控，但總的來說整場選舉還是相對開放。葉利欽代表持續改革，他的對手共產黨的久加諾夫則被視為走回頭路，選民還算是有選擇，也知道在選擇什麼。來到二〇〇八年的總統大選，也就是普京因為不能連任而和梅德維傑夫互換位置，由他選總統自己則出任總理的一屆，選民已無選擇可言。這次選舉的結果，在普京選擇梅德維傑夫的一刻便決定了，整場選舉變成一場表演，造票的問題嚴重得可以從票數的統計數字中用科學方法證明出來。

俄羅斯人不是沒有反抗過。二〇一一年起反對陣營發起了多次大型示

基督救世主主教座堂。

威，要求公平選舉。親政府組織則反過來大搞支持普京的遊行，以反制顏色革命為目標的愛國青年團還曾經紅極一時。我在莫斯科的時間太有限，沒機會深入認識這些普京年代的不同力量。只是站在莫斯科，看見街頭井然有序，城市發展迅速，也不難得出普京比葉利欽好的想法，民眾對他的支持也不是完全盲目。當然，我也明白身處首都，我所感受到的一切很可能都是充撐出來的。看數據，近年俄羅斯的經濟停滯不前，普京剛上任時的大幅增長已不復見。或者正正因為這個原因，近年普京才要和前蘇聯各國挑起紛爭，轉移民眾視線。

在出發到機場之前，我特意走到莫斯科河畔的一個藝術公園。這兒放滿了各式各樣的雕塑，其中包括一系列蘇聯解體後被拆掉的政治人物雕塑，都放在這公園的一角供遊人追憶往時。我看到馬克思和列寧，也有布里茲涅夫，還有一個鼻子崩了的史太林。解說詞稱這個史太林像於一九三八年製成，本來放在莫斯科大劇院的外面。一九九一年蘇聯解體的時候，莫斯科市議會決定將之移除，安放到這個藝術公園。想不到在拆除前蘇聯遺留的歷史遺跡這回事上，莫斯科曾經比前蘇聯各國還要進取。

過去許多前蘇聯的標誌和雕塑都被這個藝術公園接收了。

說到歷史遺跡，這次前蘇聯之旅我看到很多很多的記憶和歷史之爭。獨立關乎身份認同，難免會引起各種記憶和歷史的對弈。這些爭議在前蘇聯各國獨立後仍然持續，近年更有越演越烈的趨勢。我是這樣理解的：前蘇聯各國儘管獨立了，客觀上卻永遠離不開莫斯科。當莫斯科的政治風向改變，即使前蘇聯各國已經不受其直接控制，仍難免受其影響。最極端的例子，就是俄羅斯吞併克里米亞。而除了烏克蘭，我在波羅的海三國都聽到當地人的憂慮，擔心下一個克里米亞將會在他們的國土發生。

我離開了藝術公園，走到一條河畔步道。在我面前出現的，卻是一個遠遠

曾經令人望而生畏的政治領袖，今天被安靜地放在公園一角。

更為龐大的銅像。在莫斯科河的中央，有一座高一百米的巨形船艦銅像，而船上站著的就是彼得大帝。據說這銅像有一百噸重，和紐約的自由神像一樣高。我剛剛才在藝術公園看了一大堆被拆除和捨棄的前蘇聯政治雕塑，想不到轉過頭來卻看到這個要大上千百倍的後蘇聯政治雕塑。對，我會說這是個政治雕塑。豎立這龐然大物的官方解釋，是俄羅斯海軍建立三百週年。俄羅斯海軍的建立，源於彼得大帝。回想我此行第一站的聖彼德堡，海權正正是彼得大帝要建立俄羅斯帝國的重心。要歌頌彼得大帝和俄羅斯海軍，我很難不聯想到與政治相關。

三百年前彼得大帝的征伐，把很多俄羅斯四周的邊緣地帶納入其勢力範圍。二十六年前，趁著前蘇聯倒台，這些地方才重新得到了獨立。今天，彼得大帝的銅像在俄羅斯的首都聳立。與此同時，俄羅斯倒退為一個專制國家。面對經濟困難，領導人以重拾昔日的輝煌歲月為團結民心的手段，對內一天到晚喊反分裂要統一，對外與邊緣地帶紛爭不休。我願意相信有「和平崛起」這回事，但這四個字對一個專制國家是否適用呢？而對於那些在邊緣地帶的人們，除了害怕和接受之外，還可以做些什麼呢？

彼得大帝銅像。

後記

這次前蘇聯之旅行跡匆匆，但在旅途上我每一天都在想香港。邊緣如何與中央博弈，弱者的自主如何能得以捍衛，這些大問題固然逃不過。每次看到那些人民架起路障防守的歷史圖片，無論是里加、維爾紐斯、基輔還是莫斯科，我看到的那些木材、鐵支、建築廢料，還有堅定的眼神，都讓我想起香港。一些更貼近香港的問題，例如語言和文字之爭、歷史的重新書寫、移民權利的界定，還有轉型正義的路該如何走，同樣在我的腦海中糾纏不休。同一件事情，不同國家的博物館有不同的演繹，後面的記憶之爭正正是當前香港所面對的大事。此行的目的，在於我很希望關於香港前路的討論可以實在一點。從前蘇聯回來，我獲得了大量的材料，要慢慢整理、消化和思考。

香港要自主，這點是無庸置疑。香港的自主本來和港獨無關。紐約市的自主不用藉由從美國獨立來確定，最起碼紐約人自己就可以選紐約市市長，不用美國聯邦政府說三道四。即使中央集權的國家如英國，在戴卓爾[1]夫

1 〔英〕戴卓爾夫人，Margaret Hilda Thatcher（一九二五－二〇一三），台灣譯作柴契爾夫人。一九七九年至一九九〇年間任英國首相，是英國第一位女首相，因其領導風格被稱為「鐵娘子」。

基本法

全稱「中華人民共和國香港特別行政區基本法」，其中明載中央不得干預香港事務的條文包括：

〈第一章・總則〉第二條：「全國人民代表大會授權香港特別行政區依照本法的規定實行高度自治，享有行政管理權、立法權、獨立的司法權和終審權。」

〈第二章・中央和香港特別行政區的關係〉第二十二條：「中央人民政府所屬各部門、各省、自治區、直轄市均不得干預香港特別行政區根據本法自行管理的事務。（…下略…）」

人於一九八六年取消大倫敦議會後，還是要在二千年重新成立大倫敦政府，並設直選市長一職。以上種種，都沒有人會扣上「紐獨」或「倫獨」的帽子。

自主並不是說境內所有事情都要自己決定。畢竟我們活在全球化的年代，除非閉關自綁否則必受外界所影響。但當《基本法》列明中央部門不得干預香港本地事務，而中央駐港代表卻直接介入本地選舉，香港政府則是連否認也懶得否認，乾脆稱之為正常不過，香港的自主就明顯地出了問題，不容否認。無論你是否認同港獨思潮，也得承認中央政府要為其出現承擔一定的責任。

又或我們可以天馬行空的設想，如果中國已變成一個民主政制，那麼各種中港矛盾也可以透過港人從正常民主社會的途徑參與中國政治來處理，從根本上排除港獨的必要。我不擔心民主中國會吞噬香港，現在中港之間互相仇視的情緒很大程度上是專制政體刻意鼓吹用來轉移視線的。到了民主中國的一天，我不相信香港的自主地位會被迫消失，反而認為中國各地都會向香港學習，要求得到和香港一樣多的自主權利。千萬別以為北京上海廣州的市民真的那麼喜歡中央集權，他們現在只是沒得選擇。當然，我十分明白，這想法得以實踐的可能性有限，也不見得今天香港的年輕人很有興趣推動。

我不相信前蘇聯各國獨立的歷史會在中國發生，也不認為香港在可見的將來有獨立的可能。今天的中國相對於二十六年前的蘇聯，無論是經濟實力或國際政治的地位也都不可類比，世界各地都是中國持續穩定的既得利益者。今天的中共不是當年的蘇共，已經在向「獨裁2.0」邁進，懂得利用暴力鎮壓以外的其他專制手段。今天的中國也沒有戈爾巴喬夫，更沒有葉利欽，而兩人都是前蘇聯倒台的決定因素。前蘇聯各國的獨立，取決於前蘇聯本身的倒台。如果沒有發生一九九一年的八月政變，波羅的海三國的獨立運動還可以撐多久也是未知數。如果一拖二十年，則肯定會出現急獨派說主流派沒用，反對陣營內鬥無日無之，年輕人覺得他們都是爛蘋果等等。

與此同時，北京也太熟悉前蘇聯倒台的歷史，並且很清楚邊緣地帶的獨立必然會撼動中央政權的地位。他們怕的不是邊緣地帶的獨立，他們怕的是自己的江山不保。香港政制上的層層關卡，北京對香港選舉的種種控制，後面都有前蘇聯各國獨立歷程的影子。凡是在前蘇聯發生過的，北京都要在制度上排除在香港發生的可能。中國自前蘇聯倒台以來，大力推動愛國主義，同樣出自執政者從前蘇聯倒台的歷史中所得的教訓。當愛國主義泛濫，他們就可以藉愛國主義來打擊異見，恐嚇民眾否定或最少不敢追求自主。

雖然如此，我還是認為前蘇聯各國在獨立前後的經歷，很值得香港人去細心思考。我認為值得借鏡，不是因為前蘇聯各國的經歷可以或應該在香港複製。我不同意這點。但我認為前蘇聯各國所面對的問題，有不少和今天的香港相通。如果我們能多想想的話，日後或可少走一點歪路。為此，我歸納出八條問題：

第一，獨立和自主相關，但是否對等？一方面，如果中國對港政策根本改變，整部《基本法》按香港的需要重寫，一樣可以很大程度上保障香港的自主，港獨自然不值得追求。但我更想談的是，獨立也不一定能保障自主。這點我在白俄羅斯想得最多。我站在明斯克的總統府前，曾設想如果香港獨立，卻由一個獨裁總統管治會怎樣？這位香港總統可能叫葉劉月娥[2]，總統選舉是假選舉，電視台繼續是一台獨大，公民社會繼續受打壓。她會代表香

[2] 二〇一七年香港特首選舉，被認為最緊貼中央政府立場的參選人是新民黨主席葉劉淑儀和政務司司長林鄭月娥，後來由林鄭月娥出線，並順利當選香港特首。

港和中國簽署各種賣港條約，不平等關係一點都不會減少。她甚至可以邀請解放軍繼續駐守，又可以把反對者標籤為「叛國賊」然後任意逮捕。我懷疑，北京可能更希望和這樣的一個香港國打交道，多於現在的一國兩制。

因此，我希望我們談爭取香港自主的時候，可以很清晰地說明這必然是一個基於民主的自主。我們應要求那些推動香港自主的領袖，要具備和推崇民主的基礎價值，包括認同自由和平等，顯示出承擔和責任感，對不同政見能和而不同。我有這些要求，是因為在可見的將來，爭取香港自主都是一件要求極大個人犧牲的事情。所以，我很希望這些代價不會被一些不懂得珍惜的人所浪費。否則有天推翻了舊的專制，卻養出了另一隻新的怪獸，就未免愧對所有的付出。

第二，民主有路徑依賴，香港的民主自主有何歷史可索，又有何前路可期？任何關於東歐前蘇聯各國的討論，必然會注意到波羅的海三國相對成功，而白俄羅斯、烏克蘭和摩爾多瓦在獨立後則經歷較多的政治和經濟動盪。其中一個主要原因，是波羅的海三國在被蘇聯吞併之前都曾經是獨立國家，有自己的政府和議會。白俄羅斯、烏克蘭和摩爾多瓦卻沒有這樣的「體制記憶」，甚至連作為一個政治實體的經驗都沒有，獨立後自然舉步維艱。以此出發，香港人可算是十分幸運，因為我們也有我們的「體制記憶」。

九十年代的香港可算是最接近港人治港的香港。今天的香港社會普遍對九七前的社會環境有所想像和嚮往，而事實上香港的立法機關在九七前確實曾經有兩年時間由民主派佔多數，並且起草和通過了不少法例，例如《保護海港條例》和《集體談判權條例》。到了九七後，雖然議會民主明顯的倒退，但最起碼在董建華剛執政時，來自北京的干預並不明顯。這段歷史，是未來香港自主的重要憑藉。

過去重要，今天也重要。今天香港人爭取自主的方式，同樣會構成路徑依賴，影響到日後的自主能否鞏固。直接點說，我們希望未來的香港自主是怎麼樣的，我們今天就要用生活實踐，今天每步都要小心地走。從最微觀開始，無論是街道或公園管理，我們都該有當家作主的意識和行動。再進一步，如果我們對區議員的期望可超越他們選區的幾條街，而能問及社區規劃和社區建設，也會是一大突破。宏觀來看，我們希望香港變得公平，我們所選的抗爭話語也應該基於公平，就算這公平未必每一刻都是對自己有利。對於「非常時期非常手段」的說法，我不完全抗拒，但我們也要保持警惕，因為如果這種思路被濫用，只問即時結果而非長遠價值的話，我怕日後所謂自主的香港會像白俄羅斯多於愛沙尼亞。

第三，高舉自己的身份認同的同時，有必要貶低別人的身份認同嗎？身份認同是一把雙面刃。在摩爾多瓦，語言和文字之爭很快速的號召起一場群眾運動，同時卻也很有效地把社會中的另一群人變成這場運動的敵人。這種通過「突顯矛盾」而不是「尋求共識」為主導的運動模式，從上述路徑依賴的角度來看，和摩爾多瓦在獨立後面對的各種不安有著極為密切的關係。即使在烏克蘭的廣場革命，極右組織以反對俄羅斯政權為名，對俄羅斯的歷史和文化作出各種詆毀，也讓各國的人權組織對這場運動有一定戒心。

我提出這問題，不是因為我對社會運動有什麼道德潔癖。相反，我關心的是成本效益的問題。每一種推動運動的進路，都有其優勢和相對應的成本，選擇效益最高和成本最低的方式本應理所當然。然而成本這一端，在運動的熱情中往往很容易被忽略。在前蘇聯各國的獨立運動當中，我看到認同之爭，特別是以貶低別人認同為題的，對運動的長遠傷害往往會蓋過其短期效益。如果我們能多思考成本這一端，我們會更謹慎地推動身份認同，例如選擇那些最不容易產生歧義的說法，又或把一些文化衝突放在普世價值而非中港矛盾的框架下議論，以得到最廣泛的同情。

第四，同樣是基於成本效益和路徑依賴的思考，高舉自主是否就要把外來移民推向對立面？誠然，日常生活中本地人和外來移民之間的矛盾，最容易挑起對立。但回顧前蘇聯各國獨立前後的歷史，這似乎不是一種聰明的做法。首先，前蘇聯各國的獨立都透過公投確立，而這些公投都是以住民自決為原則，即所有在同一片土地上的人都可以投票，不論來源或出生地。最近的加泰隆尼亞和蘇格蘭獨立公投，也是按同樣的標準行事。可以相信，日後如果要為改變香港的政治現狀作公投的話，肯定也離不開這標準。如是者，在一場勝者全取的公投發生前，刻意得罪任何的潛在選民，也只會徒添運動的成本。

再看愛沙尼亞和拉脫維亞，兩地在獨立後都向已定居的俄羅斯移民採取排拒的態度，結果反而在國境內自製一批欠缺新國家認同的邊緣社群。來到今天，這些人的不安更成為俄羅斯在當地製造麻煩的上佳藉口。相對來說，立陶宛在獨立後對本地人和已定居的俄羅斯移民採取一視同仁的政策，免除了往後的麻煩。香港人爭取自主的時候，對待外來移民的方式選擇靠近愛沙尼亞和拉脫維亞多一點，還是靠近立陶宛多一點，對日後的長治久安會有深遠影響。

第五，既然公投是確立自主的國際標準，我們應如何團結大多數人站在同一陣線？這好像是很簡單的問題，卻可能是反抗運動必然要面對的最大困難。在愛沙尼亞的獨立運動當中，激進和主流的兩翼曾經有不少衝突，甚至到了要通過獨立議案的時候仍然在鬥。現在回看，激進派的角色在於拉闊戰線和突破禁忌，但臨門一腳仍要由主流派在體制中確認改變，兩翼應互相補足而非互佔位置。畢竟，無論民情如何洶湧，如若欠缺制度上的壓力，專制也可以掛免戰牌以逸待勞。波羅的海三國的經驗指出，當反對力量在議會過半，建制力量出現內部分裂，就是形勢逆轉的時候。要做到這點，必先得到絕大多數的主流民意。

確立以團結大多數人為目標，抗爭路線就會十分清晰，因為這樣世上就不會再有愚蠢的群眾，只有尚待說服的潛在支持者。當社會抗拒某種抗爭路線時，不要立即排拒或怪責社會守舊。相反，從小眾走向大眾的過程中，激進派必須自我調節。有些抗爭方式在小眾圈子可獲得很多掌聲，在大眾面前卻只會引來更多誤解。要團結大眾，就要研究大眾的心態，並適應其期望。例如當大眾追求執行力時，就不應糾纏於小眾的口舌之爭，而要用行動證明執政能力和意志。

第六，海外的支援是否值得依靠？我發現在成功之前，其他政權的支持往往只會口惠實不至。回想二戰後在前蘇聯各國打游擊的地下反抗組織，全數都在冷戰大局下被犧牲。前蘇聯未倒台時，歐美政府對各地獨立運動的支持也極為有限。這也不難理解，畢竟在歐美各國眼中，莫斯科政權的走向才是他們最關心的事情。莫斯科如能自己和平轉型，是最理想的情況。而最壞的情況，則是蘇聯大亂核子彈頭不知落在誰人手中。相對來說，各地反抗運動的成功或失敗，說白了，並不屬於優先考慮。

但這不是說海外的支持不重要。到了前蘇聯各國成功獨立之後，所得的海外援助就起了關鍵作用。波羅的海三國比其他前蘇聯國家更為成功，在於迅速加入歐盟和北約，取得經濟和軍事支援，免除了後顧之憂。但要得到這些支持，波羅的海三國也要從反抗運動中的民族主義調整過來，走向普世價值。這點同樣和道德潔癖無關，只為了尊重客觀的政治現實。

順帶一提，海外僑民在前蘇聯各國的獨立運動當中都起了不少作用。波羅的海三國的海外僑民所發動的民間外交和對反抗運動的實際支援，在歷史上的地位相當清楚。離散社群向來都是被打壓社群保持身份認同的重要支柱，更可協助重構反抗運動的國際地位。

第七，追求自主是否就等於不問世事？前蘇聯各國的獨立，取決於前蘇聯本身的倒台。在香港，同樣有不少人認為香港的自主取決於中國過去數十年來的發展能否持續。既然如此，香港人要爭取自主，就沒有條件忽視中國的各種事物，反而更應好好研究中國的一切。無論是政治層面或是經濟層面，甚至是各種文化或社會現象，也應該細心和客觀研究，以求知己知彼。有些人誤以為多關心中國事務就會等於被中國情懷所蒙蔽，因而鼓勵公眾忽視中國的一切，其邏輯令人難以理解。

除了中國事務，世界各地的事情也應多了解，畢竟中國和世界相連。蘇聯倒台二十六年，我相信這二十六年來，中共沒有一刻不在思考如何避免同樣的事情發生在自己身上，想盡辦法防微杜漸。過去二十六年來世界各地的反抗運動，我相信中共都已反覆研究。中共有這種國際視野，香港在中共之下要爭取自主，又豈能欠缺同等的國際視野？前蘇聯各國都懂得把自身的發展放在宏觀的國際關係中思考，香港人爭取自主肯定也要有這種意識。

第八，專制之下有沒有保證必勝的反抗模式？愛沙尼亞佔領博物館將當地能成功脫離蘇聯獨立原因歸納為二字：「幸運」。這說法或者有點反高潮，卻是個相當客觀的描述。愛沙尼亞以至前蘇聯各國的獨立進程，都涉及了太多不直接在當地發生，卻穿越當地方方面面的力量和潮流。他們的幸運，在於當突變來臨時，剛好有充足的準備去抓住歷史的機遇，並且正面地互為影響。再看烏克蘭，抗爭者也曾以為無法推翻貪污總統，但他們成功了。但成功後，又意想不到地爆發了內亂和戰爭。未來似乎真的不能保證。

我強調「幸運」的重要性，並不是說我們無事可做，只要等對手自行崩潰即可趁勢而起。這絕對不是我的意思。我的意思是，時機未到時，我們要做好準備，更不要因未見成果而自亂陣腳；當時機來到時，我們要懂得把握，更不要為爭奪光環而同室操戈。

反過來說，前蘇聯的歷史其實也告訴了我們，數十年的壓迫或會使人絕望，但意想不到的突變可能就在下一個轉角，一定要堅持沉實應對。絕望情緒是很危險的一件事情，因為它會把抗爭導向流於形式的發洩，目光會變得狹窄，只看到自己支持者的悲憤而看不清社會的客觀條件，以為是激進，實際上卻只在自我救贖。另一方面，絕望情緒也會讓人們忘掉初衷，在強權面前一步一步的退卻。這兩種抗爭，都不能成長。而我相信，長遠來說，真正能打敗抗爭者的人，其實只有抗爭者自己。

以上八條問題，所針對的其實不是甚麼深奧的大道理，只是我從此行中得出的一些我感到無法迴避的疑問，期望能推動思考。我無從肯定香港自主前景將會如何，也沒有路線圖或時間表可供按圖索驥。我只知道，對於這條關乎七百萬人命運的問題，多發問，多質疑，多思考，總有好處。

前蘇聯各國在獨立路上跌跌碰碰，能走兩步退一步已屬萬幸。香港在尋覓自主的路上會否更為艱難，我不敢猜想。但只要我們一天存活，問題還可以繼續問，路還可以繼續走。還記得維爾紐斯的對岸共和國嗎？讓我們緊抱此國憲法第四十一條：**不要投降**。

謹此共勉。

港台譯名對照表

英文	港譯	台譯
Adolf Hitler	希特拉	希特勒
Boris Yeltsin	葉利欽	葉爾欽
Chernobyl	切爾諾貝爾	車諾比
Donald John Trump	特朗普	川普
John Lennon	約翰・連儂	約翰・藍儂
Joseph Stalin	史太林	史達林
Madonna Ciccone	麥當娜	瑪丹娜
Mikhail Gorbachev	戈爾巴喬夫	戈巴契夫
Margaret Thatcher	戴卓爾夫人	柴契爾夫人
Oskar Schindler	舒特拉	辛德勒
Vladimir Putin	普京	普廷、普丁、蒲亭

*依英文字母排序

血歷史86　PC0659

新銳文創
INDEPENDENT & UNIQUE

獨立路上
——從前蘇聯省思香港未來

作　　者	梁啟智
責任編輯	鄭伊庭
圖文排版	楊家齊
封面設計	楊廣榕

出版策劃	新銳文創
發 行 人	宋政坤
法律顧問	毛國樑　律師
製作發行	秀威資訊科技股份有限公司 114 台北市內湖區瑞光路76巷65號1樓 電話：+886-2-2796-3638　傳真：+886-2-2796-1377 服務信箱：service@showwe.com.tw http://www.showwe.com.tw
郵政劃撥	19563868　戶名：秀威資訊科技股份有限公司
展售門市	國家書店【松江門市】 104 台北市中山區松江路209號1樓 電話：+886-2-2518-0207　傳真：+886-2-2518-0778
網路訂購	秀威網路書店：http://store.showwe.tw 國家網路書店：http://www.govbooks.com.tw

出版日期	2017年7月　BOD一版 2017年10月　二刷
定　　價	360元

Printed in Taiwan

國家圖書館出版品預行編目

獨立路上：從前蘇聯省思香港未來 / 梁啟智著.
-- 一版. -- 臺北市：新銳文創, 2017.07
面； 公分
BOD版
ISBN 978-986-94864-4-6 (平裝)

1. 政治發展 2. 俄國

574.48 106009883

讀者回函卡

感謝您購買本書，為提升服務品質，請填妥以下資料，將讀者回函卡直接寄回或傳真本公司，收到您的寶貴意見後，我們會收藏記錄及檢討，謝謝！如您需要了解本公司最新出版書目、購書優惠或企劃活動，歡迎您上網查詢或下載相關資料：http:// www.showwe.com.tw

您購買的書名：________________________________

出生日期：________年________月________日

學歷：□高中（含）以下　□大專　□研究所（含）以上

職業：□製造業　□金融業　□資訊業　□軍警　□傳播業　□自由業

□服務業　□公務員　□教職　□學生　□家管　□其它______

購書地點：□網路書店　□實體書店　□書展　□郵購　□贈閱　□其他

您從何得知本書的消息？

□網路書店　□實體書店　□網路搜尋　□電子報　□書訊　□雜誌

□傳播媒體　□親友推薦　□網站推薦　□部落格　□其他__________

您對本書的評價：（請填代號　1.非常滿意　2.滿意　3.尚可　4.再改進）

封面設計____　版面編排____　內容____　文／譯筆____　價格____

讀完書後您覺得：

□很有收穫　□有收穫　□收穫不多　□沒收穫

對我們的建議：________________________________

____

____

____

請貼
郵票

11466
台北市內湖區瑞光路 76 巷 65 號 1 樓
秀威資訊科技股份有限公司 收
BOD 數位出版事業部

（請沿線對折寄回，謝謝！）

姓　　名：＿＿＿＿＿＿＿＿　年齡：＿＿＿＿　性別：□女　□男

郵遞區號：□□□□□

地　　址：＿＿＿＿＿＿＿＿＿＿＿＿＿＿＿＿

聯絡電話：(日)＿＿＿＿＿＿＿＿＿ (夜)＿＿＿＿＿＿＿＿＿

E-mail：＿＿＿＿＿＿＿＿＿＿＿＿＿＿＿＿